マルチ・ポテンシャライト

好きなことを次々と仕事にして、一生食っていく方法

How to Be Everything

A Guide for Those Who (Still) Don't Know What They Want to Be When They Grow Up

Emilie Wapnick

エミリー・ワプニック［著］
長澤あかね［訳］

PHP

How to Be Everything
A Guide for Those Who (Still) Don't Know What They Want to Be When They Grow Up

by
Emilie Wapnick

Published by arrangement with HarperOne, an imprint of HarperCollins Publishers
through Japan UNI Agency, Inc., Tokyo

ヴァレリーに

芸術的な才能は、熟練の技に勝る

――マギー・ネルソン（アメリカの詩人、批評家、学者、作家）

はじめに――読者のみなさんへの手紙

この本を手に取ってくださったのは、「なりたいもの」を一つに絞れず、お困りだからではありませんか？　でも私は、「一つに絞るコツ」をお教えするつもりはありません。これは、「やりたいことを一つだけ選んで、残りをすべて捨ててしまうなんてイヤだ」と考える人たちのための本です。好奇心旺盛で、新しいことを学ぶのが大好きで、いくつものアイデンティティをはぐくみ、それを自在に行き来するのを楽しむ、あなたのための本なのです。

一つに絞る必要はない――これは誰も教えてくれない、大きな秘密です。本書を通して、持続可能で実り多いキャリアを築く方法をお伝えしたいと思います。あなたが心ゆくまで探求し、なりたいすべてのものになれるように。

でも、用心してください。これは普通の本ではないので、一風変わった読書体験が待っているでしょう。多彩な人生を築くのに欠かせないのは、自分を見つめることと実験をすること。私がガイド役を務めますが、途中であなたにいくつかお願いをすることになりそうです。

それは「多くのリストをつくる」「かんしゃくを起こす」「言葉のおかしな組み合わせを探す」などということかもしれないし、そうではないかもしれません。だから、紙とペンをご用意ください。それから、心に留めておきたい文章に印をつける、おしゃれな蛍光ペンも。

ここから、大きなことが始まります。本当に面白いことがね。

マルチ・ポテンシャライト　好きなことを次々と仕事にして、一生食っていく方法　目次

Part 1

あなたが「なりたいすべてのもの」になる方法
ようこそ、「マルチ・ポテンシャライト」の世界へ

第2章 マルチ・ポテンシャライトのスーパーパワー

第3章　マルチ・ポテンシャライトが幸せに生きる秘訣

Part 2

マルチ・ポテンシャライトの4つの働き方《ワークモデル》　十人十色

第4章　グループハグ・アプローチ
――ある一つの多面的な仕事に就き、その中でいくつもの分野を行き来する

第5章 スラッシュ・アプローチ
――パートタイムの仕事やビジネスを掛け持ちし、精力的にその間を飛び回る

第6章 アインシュタイン・アプローチ

——安定した「ほどよい仕事」をしながら、情熱を注げる取り組みをほかに持つ

第7章 フェニックス・アプローチ

——数カ月、数年ごとに業界を移り、興味を一つずつ掘り下げていく

Part 3

マルチ・ポテンシャライトたちの課題 〝ドラゴン〟の倒し方を教えよう

第8章　自分に合う「生産性システム」のつくり方

第9章　マルチ・ポテンシャライトが抱く「不安」に対処する

Part 1

あなたが「なりたいすべてのもの」になる方法

ようこそ、「マルチ・ポテンシャライト」の世界へ

第1章

マルチ・ポテンシャライト

世間にしばられず、複数の天職を追求する人たち

「エミリー？」

カフェでメニューからさっと目を上げると、10代の頃にお世話になった演技の先生が立っていた。もう何年ぶりだろう。ハグし合い、軽く近況を報告し合った。先生は主宰している演劇学校の様子をひとしきり語ったあと、こう尋ねてくれた。

「で、あなたは最近、何をしているの？」

「秋から大学の法学部に入るんです」と、わくわくしながら答えた（前年に法律の入門クラスを受講して以来、契約やら財産権法やらに、おたくっぽい興味を募らせていたから。こうしたシステムに、まったく新しい世界観を感じたのだ）。

でも先生は、思いがけない反応をした。顔におかしな表情を浮かべ、首をかしげている。

「う～ん……あなたは、映画制作者になると思ってたのに」

心がシュッとしぼんだ。そう、これなのだ。私の問題が、たった一言で表現されている。あなたは、映画制作者になると思ってたのに。

このエピソードは、今から10年ほど前のものだ。私は23歳で、自分のあるパターンにゆっくりと気づき始めていた――新しい分野にダッと飛び込んで、どっぷりとはまり込み、ありとあらゆる情報をむさぼるように吸収し、夢中でいくつかのプロジェクトを完遂する。ところが何ヵ月（あるいは何年）かたつと、不思議と興味が薄れだし、また別のわくわくする分野に飛び移る。そして、そこでまた同じパターンを繰り返す……。スキルが上達し、かなりのレベルに達すると、決まって退屈になるのだ。もちろんそれは、みんなが私を見て、こう言いだすタイミングと一致している。「わぁ、エミリー、君はすごいよ！　天職が見つかったんじゃない？」。後ろめたさと恥ずかしさが、どっとこみあげる。
自分のこんなあり方――何かに魅了され、そこへ飛び込み、スキルを習得しては、興味を失ってしまうこと――が、私を不安でいっぱいにした。さまざまな分野を行き来するのが私の個性なのだとすれば、気分はまさにひとりぼっちだ。仲間たちももちろん、悩みがないわけではなさそうだけど、みんな何かに向かってまっすぐな道を歩んでいるように見える。ところが私の道ときたら、音楽、アート、ウェブデザイン、映画制作、法律……とジグザグでめちゃくちゃなのだった。

演技の先生が見るからにがっかりし、戸惑った様子で「あなたは、映画制作者になると思ってたのに」とつぶやいたとき、ずっと目をそらしてきた「真実」にガツン！と正面衝突した気がした。そう、私は何をやっても、長続きしないのだ。あの瞬間、さっと目の前の靄《もや》が晴れたように感じたけれど、心は晴れなかった。百万個の問いが、ぐるぐる頭の中を回りだしたからだ。

「私に天職なんて見つかるの？」「そもそも私にぴったりのものなんて、ある？」「今までにやってみたことが、どれもこれも天職じゃないなら、次にやることがそれなの？」「何年も一つの仕事で満足できるものだろうか？　それとも、どんな仕事もいずれは輝きを失ってしまうの？」。そして、何より痛烈な問いがこれだった。「いろんな分野を飛び回っていないと満足できないなら、私は大成できるのだろうか？」。自分は根本的に、何かに打ち込む、最後までやり通す、といったことができない人間なのではないか、と私は悩んでいた。自分はどこかおかしいに違いない、そう思っていた。

そんな思いを「浮ついている」「ぜいたくな悩みね」「若気の至りでしょ」と決めつける人

もいるだろう。でも、「私の人生の目的って何なのだろう？」という問いは、年齢を問わず人々を悩ませている。そうした悩み――キャリアだけでなく、「アイデンティティ」そのものをめぐる悩み――を経験するのは、浮ついているからではない。本人は、身のすくむような気分でいるのだから。

「大人になったら何になりたい？」という呪い

子どもの頃、「大人になったら何になりたいの？」と聞かれたことを覚えているだろうか？　どんな気分だった？　5～6歳の頃に思いを馳せてみるけれど、何と答えたのか思いだせない。でも、答えたあとに何が起こったかはよく覚えている。質問した大人は「そうだよね」と承認するような、誇らしげな顔になり、アイデンティティを宣言した私自身も気分がよかった。世界が（まあ、私の小さな世界ではあるが）承認してくれていた。

ところが、大きくなるにつれて、様子が変わってくる。「大人になったら何になりたいの？」という質問が、夢をふくらませる楽しいゲームから、何やら深刻で、不安な気持ちをあおるような問いに変わってしまう。「現実的な答えを出さなくちゃ」というプレッシャーが生まれる。重みがあって、きちんと結果につながるような、責任を持って取り組めるような答えを出さなくては、と。私がどんな人間になろうとしているのか、周りが突き止めようとしているのがわかるから、「サーカスのピエロになりたい」「恐竜になる」と宣言したときのような承認がほしいのだ。

とはいえ、型にはめられたくはないし、間違った選択もしたくない。「専攻を決めろ」「得意なことに的を絞れ」「自分にぴったりな仕事を見つけろ」と周りは迫ってくるけれど、人は自分が何者で、自分の人生にどんな意味があるのか、理解しようともがくものなのだ。外から、内からのプレッシャー、自分という存在をめぐる、アイデンティティをめぐる悩みに、心の中が大混乱に陥る。しかもこの混乱は、青春のシンボルなどではない。私たちの多くにとって、生涯続く悩みなのだ。

「天職は一つ」とは限らない

「大人になったら何になりたいの?」が、心を打ち砕く力を持つのは、そこに「一つに絞れ」という含みがあるからだ。5歳のあなたが10通りの夢をぺらぺらしゃべっていたら、質問した大人はきっと「あのね、そのどれになりたいの? 全部は無理だよ!」と言うだろう。言わずもがなだが、青年になって「海洋生物学者と、テキスタイル・アーティストと、ジャーナリストになる！」などと答えた日には、さらに厳しいダメ出しが待っている。はっきり「一つ」と言ってはいないが、「大人になったら何になりたいの？」は、「この人生で許されているアイデンティティは一つだけ。だから、どれにするの？」という意味だ。ゾッとしないだろうか？　そう言い換えてみたら、この問いにストレスを感じる理由がわかる。

「アイデンティティを一つに絞れ」というメッセージは、さまざまな場面で強化される。キャリアにまつわる本も進路指導の先生も、多くの選択肢の中からぴったりの職業を選べるよう、テストをしてくれる。大学も「専攻を決めなさい」と言う。入社を希望する人が、別の分野のスキルを持っていたら、雇用主から説明を求められることもある。そこには、「軸足がブレてないか？」「この仕事がちゃんとできるの？」という含みがある。周りの人たちからもメディアからも、「根性なし」「変人」「器用貧乏」になってはいけない、と脅される。

私たちの文化においては、専門分野を持つことが成功への唯一の道とされ、大いに美化されている。物心ついたときから医者を目指していたドクターの話や、処女小説を10歳で書き上げた作家の話を、誰もが耳にしている。彼らはみんなの立派なお手本としてあがめられ、実際にそういう人たちがいるのも事実だけれど（一つに絞れている少数派を責めるつもりはないよ！）、私たちの多くは、どうしてもそのひな型にはおさまらない。社会の空気や教えによって、「天職は一つ」というロマンティックな考え方を信じるようになっただけ。誰もが一つ優れたもの――宿命――を持って生まれ、それに生涯を捧げるのだ！ と。

でも、この枠組みにはまらない場合は、どうなるのだろう？ たとえば、いくつものテーマに興味津々で、この世でやりたいことがたくさんある場合は？ 一つの仕事に絞れない、絞りたくない人は、悩んでしまうのではないだろうか。「みんなのように天職が見つからない」、だから「私の人生には目的がない」と。

そんなことはない。それどころか、あなたがいくつもの事柄を行き来し、新しい知識や経験をむさぼるように吸収し、新たなアイデンティティを試してみるのには、ちゃんと理由があるのだ。

あなたは「マルチ・ポテンシャライト」だ！

ここまでずっと、「そうそう」とうなずきながら読んでくれた？ ならば、朗報です！ あなたはおそらく「マルチ・ポテンシャライト」だ。そう、さまざまなことに興味を持ち、多くのことをクリエイティブに探究する人。この言葉に初めて出会った人は、「長ったらしい」と感じるかもしれない。では、「マルチ・ポテンシャライト」を3つのパートに分けて、ゆっくり声に出して言ってみよう。マルチ（多くの）――ポテンシャル（潜在能力を持つ）――アイト（人）。さあ、もう一度。マルチ――ポテンシャル――アイト。悪くないでしょ？「マルチ・ポテンシャライト」が言いづらいとか、しっくりこない場合は、ほかの言い方もある。こうした人たちを表現する、一般的な言葉をいくつかご紹介しよう。

●**マルチ・ポテンシャライト**：さまざまなことに興味を持ち、多くのことをクリエイティブに探究する人。
●**博学者**《ポリマス》：さまざまな事柄についてよく知っている人。百科事典並みに博学な人。
●**ルネサンス人**：（ルネサンス時代のレオナルド・ダ・ヴィンチのように）多くのことに興味を持ち、豊富な知識を持つ人。
●**何でも屋**：さまざまな仕事を無難にこなせる人。器用で多才な人。
●**ゼネラリスト**：多様な、あるいは専門的でないスキルや興味、習慣を持つ人。
●**スキャナー**：関連性のない多くのテーマに強い好奇心を抱く人。（アメリカのキャリア・カウンセラー、バーバラ・シェアが素晴らしい著書『Refuse to Choose!（仮邦題：選ぶのを拒みなさい！）』の中でつくった言葉）。

注1　つまり、多くの潜在能力《ポテンシャル》を持っている人。

●**パティライク（形容詞）**：（パテのように自在に）いくつかのアイデンティティを体現し、さまざまな作業を優雅にこなせる。

今挙げた類語は、意味が少しずつ違う。「マルチ・ポテンシャライト」と「スキャナー」は意欲や好奇心に重きを置いているが、「博学者《ポリマス》」と「ルネサンス人」は豊富な知識を強調している（それに、歴史的な含みもある。どちらもレオナルド・ダ・ヴィンチやベンジャミン・フランクリンをほうふつとさせるから）。「何でも屋」は知識よりもスキルを強調しているし、「ゼネラリスト」は知識が広く浅いものであることをにおわせている。ただし、違いはごくわずかなものなので、自分がしっくりくる言葉を選ぶことが大切だ。自分の心に響く言葉（複数でもＯＫ）を使おう。別に言葉を使わなくてもいいし、自分でつくってしまっても構わない。[2]

マルチ・ポテンシャライトにもタイプがある

マルチ・ポテンシャライトのあり方は、一つではない。プロジェクトを５つも６つも同時進行させる人もいれば、一つのテーマに何ヵ月、何年と取り組んで、ひたすら没頭したあと

で、まったく新しい分野に移る人もいる。マルチ・ポテンシャライトの興味は同時発生する（多くの興味が同時進行する）場合もあれば、順次発生する（一度に興味を持つことは一つの）場合もあるし、そのどちらか寄り、というケースもある（上図参照）。

自分がこの直線のどのあたりにいるのかを知りたいなら、過去に興味を持ったもの、携わったプロジェクトや仕事を振り返ってみよう。何らかのパターンが見えてこないだろうか？　あなたは、一度にたくさんのテーマに興味を持つことが多い？　それとも、一つのことに一心に取り組んだあと、次のことに（そしてまた、その次のことに）移っていくのが好きだろうか？　一度にいくつのプロジェクトを抱えているのが心地よくて、いくつなら多すぎるのだろう？

もしかしたら複数のプロジェクトをこなす能力は、ガスコンロに似ているかもしれない。4つのバーナーに4つの鍋がかかっているところを、想像してみてほしい。激しくわき立っている鍋もあれば、

注2　一つのラベルに統一できないのは、社会として、ある意味健全なこと。

奥でコトコト煮込まれているものもある。あなたのコンロは、レストランの業務用コンロに近いものかもしれない。鉄板も備えたそのコンロでは、無数のプロジェクトがジュージューと音を立てている。あるいは、あなたの取り組み方は、一度に一つ、華々しい炎を燃やすキャンプファイアに近いかもしれない。

実のところ、私たちのほとんどは、この「同時――順次」直線の中ほどにいる。そして、人生のさまざまな局面で、右や左へと移動している。今自分がどのタイプかわからなくても、パニックにならないこと！　一緒に解明していこう。せっかく興味が芽生えても、あっという間に色あせてしまうものもあれば、いつまでも魅力を放っているものもある。次第に興味が薄れても、何年かたって、またふと興味を覚えるものもある。さまざまな興味や情熱とどうつき合い、どう次に移っていくのかは問題ではない。マルチ・ポテンシャライトのあり方はどれも、等しくまっとうなのだ。

マルチ・ポテンシャライトのキャリアはくねくね道？

私たちが興味を持つどんな分野も、一つの方向を指し示し、その分野の仕事につながっている――と私たちは教わっている。たとえば、科学好きの高校生がいるとしよう。その子はおそらく、大学では生物学を学び、医学部進学課程に進んで、医学部に入り、研修期間を終えて、医者になる。もちろん、いろんなタイプの医者がいる。いずれ開業する人もいれば、教鞭《きょうべん》をとったり、研究に携わる人もいるだろう。でもとりあえず、医学部の学生は学んだスキルをその分野の仕事、つまり医者になって活かすものだとされている。

ほかの分野も同じだ。建築学部の学生は建築家になり、音楽専攻の学生は音楽家（や音楽の先生）になり、工学部の学生はエンジニアになることを期待される。どの分野も、まっすぐなレールの先に、関連の仕事が待っている。[3] 専門分野《スペシャリスト》を持つ人は、こうしたレールのどれかに乗って、関連の仕事に就くのだろうが、マルチ・ポテンシャライトは違う。私たちはまっすぐ前にも進むけれど、右や左にも進むのだ。習得したスキルを、関連分野を超えた別の分野で、ユニークな形で活かしていく。

では、私がたどってきた道を例に説明しよう。私は音楽、アート、映画、法律という4つの分野を、仕事や学問として探求してきた。まず、それぞれの分野のレールに沿って進んだ

注3　「役に立たない専攻」の話になると、国語や哲学といった分野を挙げる人が多い。キャリアに直接結びつきにくいからだろう。私は、「役に立たない専攻」があるなんて思っていない。そうした分野で学んだスキルが、ほかの分野で活きてくることが多々あるからだ。

場合を見てみよう（次のページの図Aを参照のこと）。

理屈の上では、私もこのレールのどれかをまっすぐに進めたはずだった。むろん、そうしようと努めたのだけど、できなかったのだ！　私がたどった道は、図Bに近い。

何というくねくね道！　と思っているのではないだろうか？　私は専業のミュージシャンにも、ウェブデザイナーにも、映画制作者にも、法律家にもならなかったけれど、4つの分野に携わってきたことを後悔していない。面白いことを学ぶのはそれ自体が楽しいし、そこで得た多くのスキルにさまざまな状況で助けられてきたからだ。

法律を学んだことで説得力のある文章が書けるようになったのだが、そのスキルはブログを書いたり、申請書を埋めたり、いろいろな企画書を書くたびに役立っている。音楽業界にどっぷりはまってバンドで演奏していた日々があるから、チームでうまく働くコツがわかるし、そのコツは毎日のビジネスにも活きている。バンド活動のおかげで、かけがえのないパフォーマンス体験ができたのだけど、それがのちに人前でスピーチをするときに役立った。ウェブデザインをかじったおかげで、プロジェクトのたびに自分でウェブサイトを立ち上げられるし、デザイナーを雇ったときも、スムーズにやり取りできる。それに、短編映画の制作ほど、イベント企画の複雑さや、毛色の違う（気難しい）人たちと働く力学を、わかりやすく教えてくれるものはない。

■A　それぞれの分野のレールに沿って進んだ場合

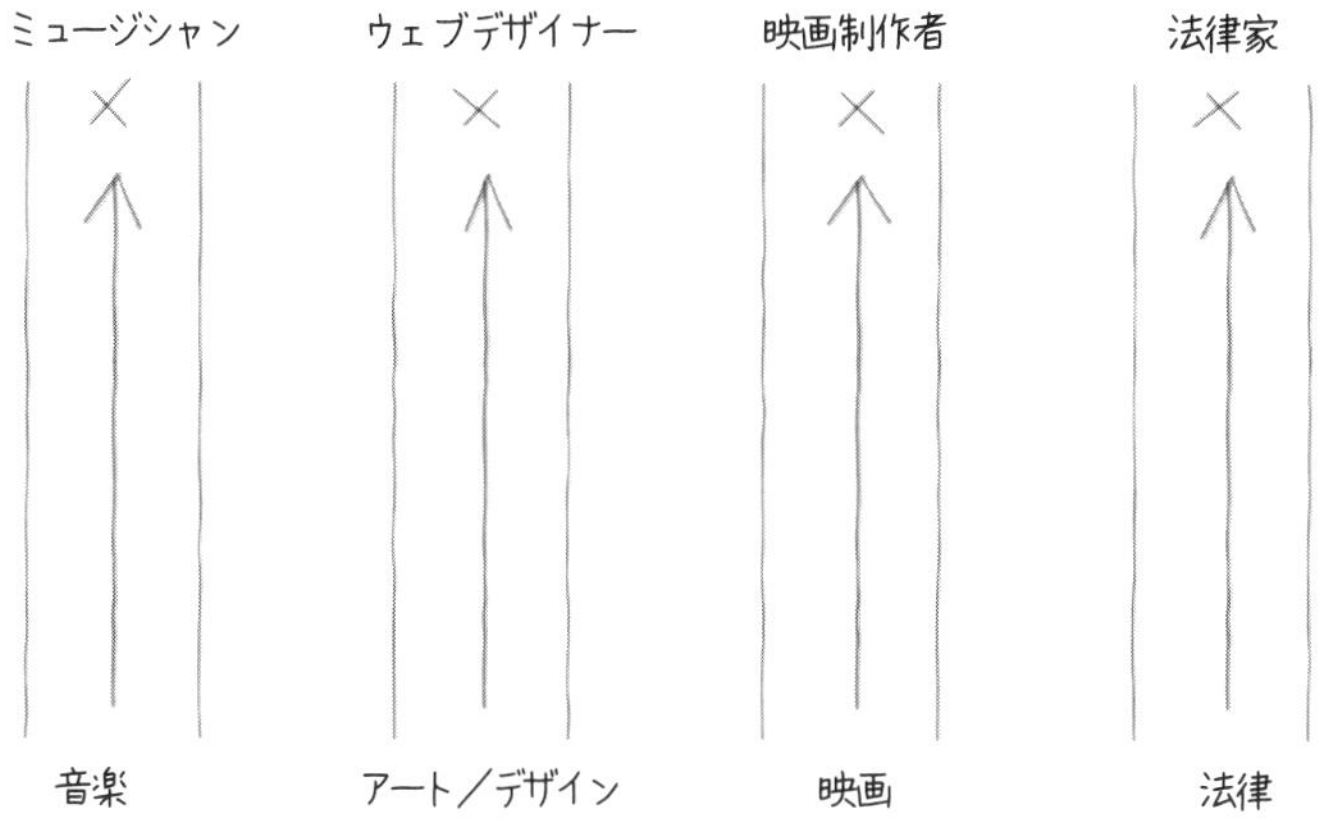

■B　私がたどった道

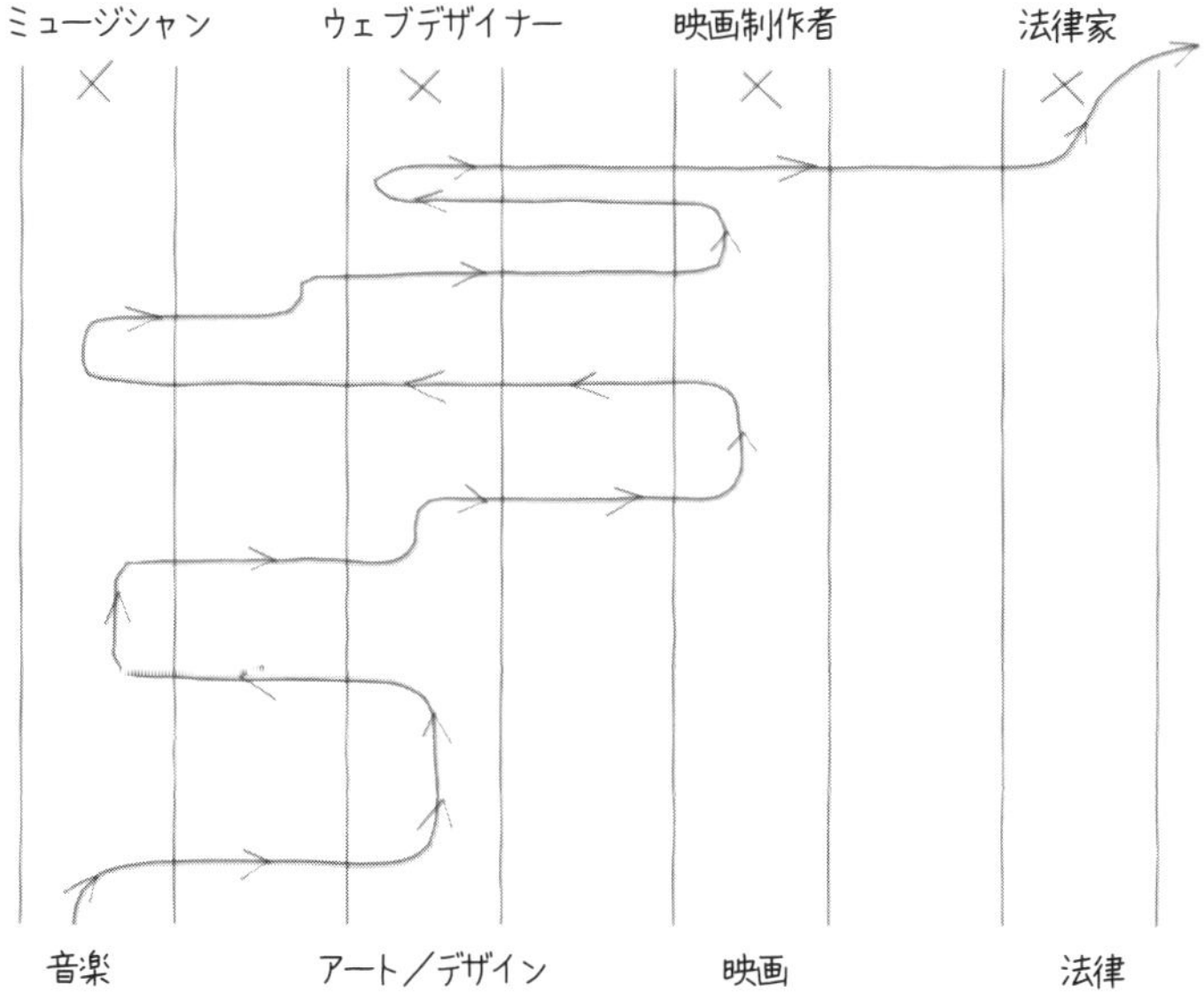

私の「前世」はおおむね今、現実的・実用的な形で役立っている。クライアントのためにウェブサイトをつくる、演奏してお金を稼ぐなど、スキルを想定通りに使うこともちろんあるけれど、別の分野で活かすことのほうが多い。すると、そのスキルをベースにまた別のスキルを伸ばせる。あなたも、自分のスキルが意外な形で活きた経験はないだろうか？　たとえば、過去にピアノを弾いていたおかげでパソコンで文字を打つのが速い、動物関連の仕事をしたおかげで、生徒の気持ちをくみ取れる先生になれた――といった具合に。さあ、そろそろ話が見えてきただろうか？　紙の上ではでたらめでめちゃくちゃな道に見えても、人はたいてい自分が思うより堅実な道を歩んでいるのだ。

スペシャリストを重んじる世界で、マルチ・ポテンシャライトであること

マルチ・ポテンシャライトであることは素晴らしいし、多くのことに情熱を注げるのもカッコいい！　ただし、このユニークな気質に恵まれたばかりに、課題を背負ってもいる。マルチ・ポテンシャライトは、「仕事」「生産性」「自尊心」という大事な3つの分野で、苦労することが多いのだ。

マルチ・ポテンシャライトの課題①　仕事

有意義で持続可能な仕事を見つけることは、おそらく私たちの大きな課題の一つだ。「私はマルチ・ポテンシャライトだ」と気づいた途端に、積年の不安と悩みがさっと消えていった、という人も多いだろう。でも、この気づきのあとには、気のめいるような大きな疑問がわいてくる。「そうか、私はマルチ・ポテンシャライトなのか。よかった！　でも、一体どうやって食べていけばいいわけ？」。

一つのことを永遠にやり続けるなんて、私たちにとっては悪夢のようなもの。でも、たびたびの転職で経済的に不安定になるのも、同じくらいゾッとする。この2つのアプローチ以外の選択肢はないものだろうか？　「マルチ・ポテンシャライトな個性」を活かす方法はあるのだろうか？

これが、本書が取り組む最大の問いである。次章以降で、幸せで経済的にも恵まれているマルチ・ポテンシャライトの人たちを紹介したいと思う。彼らがどのようにキャリアを構築し、マルチ・ポテンシャライトであることを活かしてきたのか、どうすれば私たちも同じことができるのかを学んでいきたい。

マルチ・ポテンシャライトの課題② 生産性

生産性はほとんどの人にとっての課題だけれど、複数のプロジェクトを遂行する私たちにとって、自分ならではの生産性システムを見つけておくことはとても大切だ。どうすれば同時にいくつものプロジェクトに心を注ぎ、そのすべてを前進させられる？ 目標達成の邪魔をするダメな習慣（先延ばし、自信喪失、焦り、慢性的なメールチェック）に、どう対処すればいい？ 第8章では、何に取り組むべきかを選ぶとき、時間の振り分け方を決めるとき、方向転換の時期を知りたいときに役立つ対処法をご紹介したいと思う。また、先延ばしを克服し、「フロー」に入るテクニックについてもお話ししていく。

マルチ・ポテンシャライトの課題③ 自尊心

現代社会は、マルチ・ポテンシャライトに必ずしも優しくない。その結果、私たちの多くは、自信をなくしたり、自尊心が低くなるなど、心の問題を抱えて大人になる。10代のマルチ・ポテンシャライトは、落ち込み、不安、焦り、自分の存在をめぐるジレンマ、進路を選べないことや進路変更にまつわる後ろめたさを抱えている。こうした感情が大人になっても残り、さまざまに苦しんだり、ポテンシャルを活かせなかったりすることがある。第9章では、私たちが抱えがちな不安について考え、次のような問題に取り組みたいと思う。

- （別の分野に移ることへの）後ろめたさと恥ずかしさ
- 何度も初心者を経験する不安
- 「一流になれない」という不安
- 詐欺師症候群《インポスター》
- 外野の雑音
- 「で、お仕事は何を？」という恐怖の問い

本書では、「仕事」「生産性」「自尊心」という3つの課題を、一つずつ深く掘り下げていく。それを読みながらあなたは、自分ならではの行動計画を立て始めるだろう。この本で情報を得て人生設計を始めたあなたが、最高に素敵なマルチ・ポテンシャライトになってくれることを願っている。自分を100パーセント表現し、自分の個性にぴったりなキャリアと人生を築いてくれますように。そう願うのは、あなたの幸せのためだけじゃない。あなたが人生で成し遂げる素晴らしい仕事から、私たちみんなも恩恵を受ける可能性があるからだ。

真実を言おう。あなたに宿命や生きる目的がないはずがない。あなたが飽くなき好奇心を抱くのには、ちゃんと理由がある。あなたは現状を揺り動かし、新しいものを生み出して、

複雑で多面的な問題を解決し、あなたらしいユニークなやり方で、人々の人生をさらによいものに変えられる人なのだ。あなたの宿命が何であれ、マルチ・ポテンシャライトであることを抑え込んで、その宿命を生きることはできない。あなたはマルチ・ポテンシャライトであることを受け入れ、それを活かさなくてはならないのだ。

第2章

マルチ・ポテンシャライトのスーパーパワー

あなたはおそらく、多くのことに手を出す人間への、世間の目にはもう慣れっこだろう。そう、私たちは世間から見れば、「一つのことに打ち込めない」という致命的な欠陥を抱えた怠け者なのだ。アラビア語から韓国語に至るまでほぼすべての言語に、「多芸は無芸／器用貧乏」にあたる言葉がある。スペイン語の「Quien mucho abarca poco aprieta」は、「たくさん抱えすぎる者は、しっかりつかめない」という意味だし、リトアニア語の「Devyni amatai, dešimtas badas」は、「職を9つ持っているなら、10個目は飢え死に」という意味。ベトナム語のことわざ「Một nghề cho chín, còn hơn chín nghề」は、私たちへの批判の核心を突いている。「一つの仕事を極めるのは、9つの仕事を人並みにこなすより素晴らしい」。でも、マルチ・ポテンシャライトの仕事ぶりは、本当に人並みだろうか？　私たちは本当に知識が乏しくて、そのせいでお金に苦労しているのだろうか？　では、「器用貧乏」論の中へ飛び込んで、実際のところどうなのか確認してみよう。

「1万時間の法則」なんてうそっぱち

「多くのことに手を出せば、そのすべてで二流に終わる」――この有名な「器用貧乏」論の一つは、数学的な視点に立てば、理にかなっているように見える。Aさんが一つの仕事を学ぶのに1万時間[4]を費やし、Bさんは4つの仕事を学ぶのにそれぞれ2500時間ずつ費やしたとしたら、Bさんは当然、どの分野においても「スキルが劣る」（つまりは二流）ということになる。この主張は、「大事な資質はスキルだけ」という考え方に基づいている。

私は、「創造力《クリエイティビティ》も、創意工夫も、情熱も、同じくらい重要だ」と主張したい。何十年も音楽の訓練を積んだ人は、数年しか学んでいない人よりも絶対に美しい（あるいはもうかる）曲が書けるのだろうか？　ベテランの高校教師は、まだ数年のキャリアだけれど熱意あふれる先生よりも能力が高いのだろうか？　どちらの答えも「いいえ」または「必ずしもそうとは言えない」。専門知識もスキルもたしかに重要だけど、それだけが今後の成功や仕事への満足度、社会への貢献度をはかる要素ではない。

スペシャリストもゼネラリストも必要だ

高度な技術は、特定の分野やポジションにおいては、とくに重要視される。心臓外科医が極めて専門的なのは当たり前のこと。みなさんはどうかわからないが、私は心臓の手術な

注4　マルコム・グラッドウェルが、著書『天才！　成功する人々の法則』（勝間和代訳／講談社）を通して「1万時間の法則」を世に広めた。それは、「世界レベルのパフォーマーになるには、1万時間の練習が必要だ」という法則だ。この説は、世界的なアスリートや名演奏家の練習習慣を調べた心理学者、アンダース・エリクソンの研究に基づいている。『天才！〜』が刊行されてから、「1万時間の法則」の本来の意味が押し広げられ、適用されるはずではなかった状況にも適用され、もともとの研究の範囲を超えた解釈がなされている。この法則は今や、「喜んで1万時間を投じるつもりがないなら、何かを追求すべきではない」と主張するのによく使われている。私自身は、この解釈は技術的な能力以外のものを過小評価し、学習や探求の意欲に水を差している、と思う。「1万時間の法則」への力強い回答として、ジョシュ・カウフマン著『たいていのことは20時間で習得できる』（土方奈美訳／日経BP社）を参照してほしい。

ら、絶対に専門医《スペシャリスト》にお願いしたい！　でも、慢性的な健康問題の治療については、専門性は高くなくても、身体のさまざまなシステムがいかに連携し合っているかをよく理解している先生に相談したい。

今の主治医を見つけるのには、しばらく時間がかかった。この先生は正式な自然療法医で、鍼医の免許も持っている、機能性医学（訳者注：生活習慣病や慢性病を、なるべく薬に頼らずに根本的な原因に着目して完治させようとする新しい医療）の実践者だ。つまり、さまざまな手段を自由に使える人。常に「効果があって、なるべく害のない」治療を勧めてくれる。処方薬を使うこともあるけれど、たいていはこの基準を満たす薬草を使った治療や、食生活の改善を勧められる。このアプローチが万人に効くわけではないが、私には合っている。でも、先ほども言ったように、万が一心臓手術が必要になったら、迷わず「専門医を紹介して」とお願いするだろう（先生も喜んで紹介してくれるはず）！　スペシャリストもゼネラリストも価値があるし、必要とされている。ただ、求められる状況が違うだけだ。

一流ではないから二流――とは限らない

世界に通用するレベルと二流との間には、結構な開きがある。マルチ・ポテンシャライトの興味は長続きしないこともあるが、分野によってはすご腕を発揮することも多い。エキスパートになる場合だってある！　多芸は無芸どころか、語呂は悪いが、「多芸かつ一部の芸の達人」と言ったほうが的確かもしれない。つまり、ある分野でそれなりに腕を上げ、そこにクリエイティビティと情熱を組み込めば、目を見張るような素晴らしい仕事ができるのだ。

マルチ・ポテンシャライトには、新たなカテゴリーを生みだす力がある

自分の本棚や図書館で借りた本のリストを見てみよう。おそらく、単一のテーマ（数学、音楽、政治、哲学など）を扱った本を読むことは少ないだろう。複数のテーマを組み合わせたようなタイトルが好きなのではないだろうか。私の本棚をざっと見渡すと、建築と心理学、数学と色、ウォーキングの哲学、といったように、２つの分野の関連性について書かれた本が並んでいる。それから、詩で表現した自叙伝、不安について語るコミカルな本など、ジャンルをまたいだ本も目につく。こうした本の著者は、マルチ・ポテンシャライトに違いない。スペシャリストは一つの分野に秀《ひい》でているが、マルチ・ポテンシャライトはいくつかの分野を融合させ、それが交わる場所で活動している。おかげで私たちは、分野と分野の関連性について、深い知識を得ることができる。それが、私たちの専門分野なのだ。

マルチ・ポテンシャライトの5つのスーパーパワー

さあ、これで「二流だ」という言いがかりに一矢報いることができた。さて、あなたは今、こんな質問をしたいのではないだろうか？　マルチ・ポテンシャライトが自分の強みを活かすには、どうすればいいのだろう？　あなたも私の知るマルチ・ポテンシャライトの一人なら、それは長い間悩んできたはずだ。「私は、成功する見込みがあるのだろうか」と。そろそろあなたの力を奪うそんなつぶやきを手放して、代わりの言葉を検討しよう。「誤解されているけれど、マルチ・ポテンシャライトには人を動かす力があるのかも」「私たちならではの強みが、スーパーパワーがあるのかも！」と。今から、マルチ・ポテンシャライトがとくに得意としている、5つの事柄を見ていこう。そして、そのスーパーパワーをうまく活用している人たちに会いにいこう。

スーパーパワー① アイデアを統合できる

私たちは、物事を統合するのに長《た》けている。複数のコンセプトを組み合わせ、それが交わる場所で新しいものを生み出すのが得意なのだ。ブルックリンの花屋「トゥイッグ・テラリウムズ」は、「生きた立体アート」を専門に扱っている。想像してみてほしい。ガラス瓶や花瓶、ガラスの球やビーカーの中に、コケや多肉植物や花、それに小さな手塗りのフィギュアが配置されている。どの作品も、それぞれの物語を語っている。ベンチに腰かける老夫婦、牛の群れを追い集めるカウボーイ、ゾンビがうろつく世界、酒瓶を手に世間に中指を立てるパンクロッカー……。

　ここは、ミシェル・インシアラーノとケイティ・マスロウが友人同士で立ち上げた店だ。ミシェルとケイティは、自分たちの興味の対象である科学、植物学、物語《ストーリーテリング》、アート、デザインを組み合わせ、ユニークなものを生み出した。２人はミシェルがお世話になった化学の教授の助けを借りて（ミシェルはこのとき科学を専攻していた——まさに異分野で培ったスキルの活用だ！）、ミシェルの食器棚にあった調味料の瓶の中で、生態系づくりに成功した。そこからさまざまなテラリウム（訳者注：植物栽培用のガラス容器）で実験を始め、のちにトゥイッグ・テラリウムズが誕生した。

　アイデアを統合すれば、オリジナリティあふれる何かが生まれるだろう。この能力を活かせば、差し迫った社会問題に、オリジナリティあふれる解決策で対処できるかもしれない。ユタ州の報告によると、２００４〜２０１３年の間に同州の「慢性的ホームレス」の数は91パーセントも減少した。この驚くべき改善をもたらしたのは、「ハウジング・ファースト

（まずは住まいを）」という支援プログラムだった。これは臨床心理学者のサム・ツェンベリスが、主宰するNPO「パスウェイズ・トゥ・ハウジング（住まいへの道）」の活動から生み出したもの。「ハウジング・ファースト」のアプローチでは、慢性的ホームレスの人たちは、無条件に住まいを提供される。「ホームレスに住まいを与えることのどこが画期的なの？」と思うかもしれないが、（不思議なことに）この分野の常識に反する施策なのだ。

ユタ州のかつてのやり方では、ホームレスの人たちは酒や薬物を断ってはじめて、住まいを与えられた。ツェンベリスのプログラムは、まず屋根の下で暮らせるようにしてから、社会的サービスを提供している。「ハウジング・ファースト」は、全米の地方や都市で実験的に行われ、やはり目覚ましい成果をあげている。

この話の何より面白いところは、ツェンベリスがホームレス事業の訓練を受けていない、心理学者であること。1990年代の前半に、ツェンベリスは精神病患者の救済活動をする団体で働いていた。そこでホームレスの人たちを間近に見るようになり、路上生活というとてつもない試練について学んだ。何度も何度も同じ人たちを治療するうち、「今の支援策は効果がない」とはっきりわかった。そこで、心理学者としての訓練や経験をもとに「ハウジング・ファースト」というプログラムをつくった。彼は、「路上で暮らす多大なストレスや不安をまず解消しない限り、依存症や心の病に取り組むのは難しい」という前提からスタートしたのだ。

長年の問題への解決策を思いつくのは、たいていベテランの専門家ではなく部外者だ。カリム・ラカーニ博士とラース・ボー・イェッペセン博士が『ハーバード・ビジネス・レビュー』誌で説明しているように、「問題解決に携わる顔ぶれが多彩になればなるほど、問題は解決されやすくなる。人は自分の分野から遠い問題にも、自分の仕事で出会った解決策で対処するものだからだ」。マルチ・ポテンシャライトが独創的な解決策を思いつきやすいのは、活用できる視点をたくさん持っているからだ。私たちはたとえ一人でも、「問題を解決する多彩な顔ぶれ」そのものなのだ！

スーパーパワー②　学習速度が速い

マルチ・ポテンシャライトが瞬《また》く間に概念を理解し、あっという間にスキルを習得できるのには、３つの大きな理由がある。

1. 初心者になる（暗闇の中で手探りする）のはどんな気分かを理解している。ぎこちない初心者の時期を克服した記憶があるから、また初心者に戻ってもあまり落ち込まずにいられる。ある分野をマスターするたびに、「私には新しいことを吸収し、理解する力がある」という自信がつく。その自信のおかげで、安全地帯から出てリスクを取ることをいとわないので、すばやく学べる。

2. 魅力を感じることには、熱心に取り組める（憑《つ》かれたように没頭することもある）。この情熱のおかげで、短期間に最大限に吸収することができる。私たちは、何時間も研究に没頭し、本を速読し、新しい活動にどっぷり浸《ひた》ることで知られている。

3. 新しい興味を追求するとき、ゼロから始めることはまずない。多くのスキルは、ほかの分野にも応用がきくからだ。たとえば、数学の知識があれば、音楽の理論をすばやく理解できるかもしれないし、長年詩を書いて、言葉がいかに相互に作用し合うかという問題に夢中で取り組んできた人は、プログラムの書き方を難なく学べるかもしれない。

すばやく学べることは素晴らしい。とくに職場では。テレビ広告のプロデューサー、トム・ヴォーン・マウントフォードは、ワードプレス（訳者注：オープンソースのブログ作成用ソフトウェア）とグーグル・アドワーズ（訳者注：グーグルが提供するクリック課金型の広告サービス）を独学で使えるようになったので、勤務先のために新しい企業サイトを立ち上げることができた。トムがすばやくスキルを習得したので、会社は何千ドルも払って外部のソフトウェア開発者を雇わずにすんだ。スキルだけでなく、新しいことに挑戦する意欲も、マルチ・ポテンシャライトを職場の人気者にしてくれる。コンサルタントのJB・フォーニアは、前の職場でそれを実感した。

「大きなコンサルタント会社で働いていたんだけど、いつの間にか、誰もやり方を知らないときに、頼られる存在になっていた。どんなことであれ、『挑戦してみる』ことで有名だったからね。ぼくの才能は、スペシャリストの同僚たちと違って、未知のものにも一切ひるまないこと。彼らは『一度もやったことがないなら、試さないほうがいい』と考えていたから」

知的好奇心はマルチ・ポテンシャライトの特徴の一つだから、学ぶことに興味がないマルチ・ポテンシャライトはめったにいない。[5] 多くの人は、ある年齢に達したら、あるいは学校を卒業したら勉強は終わりだ、と思い込んでいるけれど、研究によると、人はいくつになっ

注5　これには、若干の例外もある。うつ病をわずらうマルチ・ポテンシャライトは、病気に意欲をそがれ、学ぶことに興味を示さないかもしれない。また、経済状態や責任感から、生計を立てることを優先させなくてはならない場合には、学ぶことに気持ちが向きにくいかもしれない。

ても学べる。ただし、認知能力については、神経科学者が「使わなければダメになる」という法則を生み出した。あるスキル（もしくは脳のある部分）を日頃から使っていなければ、将来使うのに苦労する、というわけだ。だから、独学や学校教育を通して、新しいことを学ぶのに慣れていないと、学ぶ力は少しさびついているかもしれない。でも、時間と練習を重ねさえすれば、学ぶ能力は高まり、すばやく学べるようになる。

スーパーパワー③　適応能力が高い

マルチ・ポテンシャライトは、さまざまな状況や役割を楽しめる。雇い主やクライアントや顧客のニーズに合わせて、多彩なスキルを活かすことができる。学校でカリキュラム・コーディネーターを務めるカーリ・Fは、アドバイザー、指導者《メンター》、連絡係、教師、進行係、ライター、段取り《ロジ》の責任者、マーケター、技術アシスタントといった役割を自在に行き来している。時には、すべての役割を果たす日もある。たくさんのことをこなし、さまざまな活動を器用に行き来できることが、マルチ・ポテンシャライトをなくてはならない、代わりのきかない存在にしてくれる。

適応能力は、フリーランスや事業主として働くマルチ・ポテンシャライトの財産である。エイブ・カフドはウェブデザイナー兼ビデオ・ディレクター兼クリエイティブ・コンサルタントだ。エイブはデザインワーク、クラウドファンディング・キャンペーン、オンライン講座の開設など、さまざまなプロジェクトで中小企業やアーティストや教育機関と仕事をしている。ウェブデザイナーとしてのエイブしか知らないクライアントもいれば、ビデオ制作者のエイブしか知らない人もいる。昔のクライアントが、多彩な能力を知って、別の仕事で声をかけてくることもよくある。エイブが意外な形でプロジェクトに貢献してくれると知って、目を丸くして喜ぶクライアントは多い。

　不安定で急速に発展している今の経済においても、適応能力のおかげで、私たちはしなやかに生きていける。複数の収入源があるから、一つのかごに卵をすべて入れずにすむのだ。造園業の需要が減っても、プログラミングの仕事を増やせる。ツアーガイドの仕事でリストラされても、観光関連の別の仕事を探したり、興味や経験のあるいろいろな分野の仕事に手を挙げられる。

　ビジネス誌『ファスト・カンパニー』の編集長で取締役《マネージング・ディレクター》のロバート・サフィアンは言う。不安定な経済において成功するカギは、「不安定さを受け入れ、キャリアやビジネスモデルや前提条件を修正することを受け入れ、むしろそれを楽しむような考え方」をすることだ、と。不況後の世の中において、適応能力は財産というより必需品なのだ。

スーパーパワー④　大局的な視点を持っている

マルチ・ポテンシャライトは、個々のアイデアがさらに広い世界とつながっていることを知っている。物事を大局的にとらえる私たちは、ブレインストーミングをしたり、高邁《こうまい》なプロジェクトを思い描いたり、物事を改善する方法を考え出すことが好きだ。ダグラス・ツォイは故郷のオレゴン州ポートランドで、「もっと手頃な料金で、手軽に受けられる教育が必要だ」と気がついた。本人の学習好きも相まって、大学院レベルの教育を手頃な価格で提供する「ポートランド・アンダーグラウンド・グラッドスクール」を設立した。ここで受講できる講座は、「ジェンダーとデジタル・アイデンティティ」「遺伝学とゲノム学と遺伝子倫理」「政治のマリオネットからジム・ヘンソン（訳者注：アメリカの操り人形師）まで：操り人形の重要性」——のように多岐にわたる。必要な生徒には奨学金を提供し、経済的に余裕のある学生には奨学基金への寄付をお願いしている。

マルチ・ポテンシャライトは、世の中のさまざまな側面を学ぶうちに、それぞれのテーマが互いに関連し、影響し合っていることに気づき始める。視野が広いので、一つの分野を深く理解しているスペシャリストが見逃しがちな、システム全体の問題に気づける。そして、ある選択がほかの部門に影響を及ぼすことを知っているから、事情をよく理解して思いやりのある解決策を生み出せる。ダグラスは、アメリカでは高等教育の学費が、学びたい多くの人たちの足かせになっていることを理解していた。そこで、「こんなものさ」と現状を受け入れるのではなく、持ち前のクリエイティビティと人脈を活かして、これまでとは違う教育システムを立ち上げた。オープンで利用しやすく、コミュニティに根差したシステムを。

全体像をとらえ、問題を総合的に考える能力は、職場の財産だ。この力のおかげで、私たちは今後のチャンスも起こりうる問題も予測できるから、情報を分析して、常に先手を打つことができる。

職場で素晴らしいアイデアを活かしたいなら、社員のアイデアや意見に耳を傾けてくれる企業で働こう。マルチ・ポテンシャライトにぴったりの組織やポジションについては、次章以降で話をするが、とりあえず心に留めておいてほしい。将来の雇用主を検討するなら、新しいアイデアや社員の声を歓迎してくれるところを探そう。

スーパーパワー⑤　さまざまな分野をつなぐ「通訳」になれる

マルチ・ポテンシャライトは、天性のつなぎ手だ。人と精神的につながるのも、人と人が互いに理解し合い、つながり合うのをサポートするのも好きだ（すでに話したように、アイデアとアイデアをつなげるのも大好きだ）。多彩な経験があるから、さまざまな分野の人とつながれるし、好奇心が強いから、聞き上手でもある。マルチ・ポテンシャライトにとって何よりうれしいのは、今夢中になっていることについて誰かと盛り上がれること。とくに、相手がその分野のエキスパートで、知識を深める手助けをしてくれたら最高である。

さらに言えば、私たちは毛色の違う人たちとつながることができるから、いろいろな人たちの間に入って通訳し、みんながつながり合えるよう橋渡しをすることができる。マルチ・ポテンシャライトは、ふと気づくと職場でスペシャリストとやり取りをしているだろう。スペシャリストそれぞれが持つ「言語」で会話ができるのは、私たちのとてつもない財産だ。劇場技術者のジュリア・ジャンガンズは、スペシャリスト間の調整役を務めることが多い。

「たくさんのことに興味を持って、いろいろな経験をしてきたおかげね。専門分野の違いから意思疎通が難しそうな2つのグループがうまく対話できるよう、橋渡しができるの。たとえば、劇の制作の話をするとき、デザイナーと技術者はまったく違う言語で話すけど、私はどちらの経験もあるし、演劇業界の外で働いたこともあるから、優秀な『通訳』になれるのよ」

バーバラ・シェアは著書『Refuse to Choose!』の中で、「スキャナー」(またはマルチ・ポテンシャライト)をオーケストラの指揮者にたとえているが、このたとえは的を射ている。

指揮者はいくつもの楽器で（控えめに言っても）基礎的な訓練を受けているので、自分が求めている音色やリズムを各セクションに理解してもらえるように伝えるすべを心得ている。ある一節にふさわしい音が出るように、バイオリニストに弓のある部分で弾くようにお願いしたり、とくに難しい出だし部分で打楽器奏者をサポートしたりもできる。そして、オーケストラの演奏が始まったら、指揮者はさまざまなセクションが一つに融け合い、互いに「語り」合うよう導き、より大きなビジョンを形にしていく。マルチ・ポテンシャライトが「橋渡し役」「車輪のハブ」などと説明されることが多いのは、多くの専門分野にまたがるチームと難なくコミュニケーションを取り、指揮することができるからだ。

あなたもスーパーパワーを活かそう

マルチ・ポテンシャライトの多くは、今紹介した5つのスーパーパワーを巧みに操っているが、慣れた様子で力を使いこなしている人もいれば、そうではない人もいる。時折、人生の大半をかけて（哀れにも）スペシャリストになろうと努めてきた、という人からメールをもらう。純粋に一つの分野に興味を持ったからではなく、そうすべきだと思って目指してきたのだ、と。こうしたメールは悔いと失望にまみれているが、希望のかけらが混じっていることも多い。「自分の多面性と戦うのではなく、受け入れてみたら何が生まれるのだろう？」という希望のタネが。こんなメールが、あらゆる年齢――20～70代――の人たちから届く。何かを始めるのに、遅すぎることはない。探求し、さまざまなアイデアのつながりを引き出し、大きなプロジェクトを思い描いて、ほかの人たちと協力することを自分に許せば許すほど、あなたのスーパーパワーは強くなるだろう。もしかしたら、さらに多くのスーパーパワーを持っていることに、気づくかもしれない！

世界を変えていくのは、マルチ・ポテンシャライトだ

マルチ・ポテンシャライトは常に改革者だったし、改革者はたいていマルチ・ポテンシャライトだった。アリストテレスは哲学者になる前は、医者として訓練を受けていた。ベンジャミン・フランクリンは政治家で、ほかにも多くの職歴があったが、避雷針や遠近両用メガネを発明した。史上最も有名な博学者《ポリマス》であるレオナルド・ダ・ヴィンチは、優れた芸術家で、発明家で、数学者でもあった（彼の職歴もこれにとどまらない）。多くのことに興味を持つ私たちには、改革者の気質があるのだろうか？

主流文化は私たちを「物好きな素人」に仕立て上げようとするが、実のところ、マルチ・

ポテンシャライトが強みを活かせば、プロとして成功し、斬新かつユニークな形で世の中に貢献することができる。『ORIGINALS 誰もが「人と違うこと」ができる時代』（楠木建監訳／三笠書房）の著者、アダム・グラントが『ニューヨーク・タイムズ』紙の記事で説明しているように、多くのことに興味を持つことと革新的な仕事をすることの間には強い相関関係がある。

「クリエイティブな貢献は、知識と経験の深さだけではなく幅広さに左右されることが証明されている。ファッション業界で最も独創的なコレクションを生み出すのは、主に海外で活動しているディレクターたちだ。科学の世界でノーベル賞を受賞するのは、一つのことに打ち込む天才というより、多くのことに興味を持つ人たちだ。一般的な科学者と比べて、ノーベル賞の受賞者は、俳優やダンサーやマジシャンとしてパフォーマンスをする割合が22倍も高い。詩や芝居や小説を書く割合は12倍高く、美術・工芸をかじる割合は7倍、楽器の演奏や作曲を手がける割合は2倍に上る」

これまで見てきたように、マルチ・ポテンシャライトはクリエイティブで、既成概念にとらわれず、すばやく学び、変動する時代や状況に適応できる。熱意にあふれ、問題に立ち向かったり仲間とつながることを好み、複数の分野にまたがるチームを指揮するのに長けている。私たちには何の課題も弱点もない、とは言わないが、持って生まれた資質を思えば、マルチ・ポテンシャライトが現状を揺り動かすことが多いのは、意外でも何でもない。

マルチ・ポテンシャライトには教科書が必要だ

仕事上の成功について言えば、私たちの一番の足かせは、変わり者であることではない。情報源《リソース》が不足していることだ。スペシャリストには、キャリアにまつわる本が山ほど用意され、理解してくれるカウンセラーもいる。まっすぐゴールまで運んでくれる、おあつらえ向きの教育制度も整っている。

もちろん、スペシャリストだからと言って、仕事での満足感が楽々手に入るとは限らない。どの業界でキャリアを築きたいのか、時間をかけて考えなくてはならないだろう。それでもやはり、専門的なシステムや専門家の価値は広く理解され、認められている。「それしか能がないんだろ？」などとスペシャリストを責める人はいないし、「別の分野の学位も取るべきだよ」と勧める人もいない。一方、やや個性的で「一つに絞りたくない」私たちのためのリソースは、どこにあるのだろう？

あなたが今、それを手にしていますように。この本を書いたのは、私たちの仲間がキャリアや人生を設計するときに、参考にできるものがあれば、と考えたからだ。次の数章にわたって、問題の核心に踏み込み、現実的な事柄を取り上げたいと思う。マルチ・ポテンシャライトのスーパーパワーを活かせるようなキャリアを、私たちはどう設計すればいいのだろう？　自分が何をしたいのかを理解し、多くのことのバランスを取るにはどうすればいいのだろう？　マルチ・ポテンシャライトには、スペシャリストの多くが手にしているような、明るく照らされ、あらかじめ用意された道がないのだとしたら、私たちは一体どこからスタートすればいいのだろう？　さあ、準備を始めよう。そろそろ取り組む時間だ。

第3章

マルチ・ポテンシャライトが幸せに生きる秘訣

マルチ・ポテンシャライトにとっての理想的なキャリアとは、どのようなものだろう？　建築には右脳も左脳も使うし、文系と理系を融合できるから、建築家になるべきだろうか？　それとも断然お勧めなのは、多くのことに同時に心を注げる、プロジェクト・マネジメントだろうか？　あるいは、従来型の仕事は完全にパスして、とことん自由に柔軟に働ける、起業家になるべきだろうか？　残念ながら、すべてのマルチ・ポテンシャライトにぴったりの、ただ一つのキャリアの道などない。建築家やプロジェクト・マネジャーや起業家として充実した毎日を送るマルチ・ポテンシャライトはたくさんいるが、こうした仕事と相性が悪いマルチ・ポテンシャライトも大勢いることだろう。さまざまなテーマに興味津々なところは同じでも、マルチ・ポテンシャライトは一人一人違うし、興味も価値観も優先事項も人それぞれなのだ。

実は、認めたくはなかったのだが、この本の取材を通してわかったことがある。それは、幸せなマルチ・ポテンシャライトはあらゆる役割やあらゆる業界にいて、スペシャリストがいそうな場所で輝いている人もいた、ということだ。たとえば、パイロットはスペシャリストに見えるけれど、その人をトータルで見ると、映画制作者で活動家でもあるかもしれない。考えてみてほしい。以前は教育の仕事をしていた建築の製図工《ドラフトマン》が、将来はレストランをオープンする可能性もある。この人がパーティで「お仕事は何を？」と聞かれたら、「建築の図面を描いてます」と答えるだろう。その時点ではスペシャリストに見えるけれど、この人が実は興味を順次追求していくマルチ・ポテンシャライトであることは明らかだ。

さて、ここで問題です。マルチ・ポテンシャライトが数々の職業で成功できる上に、誰かに合う仕事が自分にも合うとは限らないのだとしたら、キャリアを設計するとき、一体どこから始めればいいのだろう？　この問いへの答えを見つけるために、私は「幸せで経済的にも恵まれている」と自認する何百人ものマルチ・ポテンシャライトへの調査と取材を行った。「やり方を知りたい」と思ったからだ。取材や調査に応じてくれた人たちのキャリアは実にばらばらだったが、彼らにはいくつか大きな共通点があった。それは、どの人も、「お金」「意義」「多様性」という3つの要素を満たす人生を設計していたことだ。その3つを、自分にふさわしい分だけもたらしてくれる人生を。

これは単なるキャリア論ではない——人生設計そのものだ

取材や調査で話を聞いていくうちに、気づいたことがある。それは、彼らに充実感をもたらしているのは、仕事だけではないこと。お金を稼ぐためにしていることは、幸せの方程式の一部にすぎないのだ。そう、彼らが意図して生み出した多彩な人生の、ピースの一つにすぎない。というわけで、これはキャリア計画の本というより、人生設計の本なのだ。

次の章で、「お金」と「意義」と「多様性」を一つの仕事の中に見出した人たちをご紹介する。そのあと、3つの要素の一部を仕事から、残りをさまざまな趣味や個人的なプロジェクトから手に入れ、やはり満足している人たちをご紹介したいと思う。どのように人生やキャリアを構築するのかは、個人の好みや興味の性質によるところが大きいが、結局大切なのは、人生全体を見渡したときに、「お金」と「意義」と「多様性」がすべてそろっていることだ。あなたのキャリアは、人生全体の目標とつながっていなくてはならない。仕事は「イヤだけど、生活のためにしなくてはならないこと」ではなく、人生に欠かせない、人生を支えてくれる力であるべきなのだ。では、3つの要素それぞれについて、さらに深く学んでいこう。

幸せに生きる秘訣　その1：お金

やあ、心の重荷くん！　これは、なかなか手ごわいテーマだ。私たちの多くはお金について、親や社会から教わった思い込みを抱えている。「いつもお金が足りない」「お金＝幸せ」「稼ぎは、世の中での自分の価値そのものだ」……そんな考え方を身に着けてしまったかもしれない。資本主義文化は、お金にまつわる不健全な姿勢をあおることがある。「猛烈に稼ぐ」という考え方が美化されているから、「成功のためには、働きづめでなくてはならない」と考えがちだが、働きすぎが健康によくないのは紛れもない事実だ。長時間労働は、ストレス、不安障がい、うつ病、不眠症、2型糖尿病、心血管疾患に関係している。

それでもお金の必要性は、人間の生存本能に働きかける。とてもリアルだからだ。食べ物にも住まいにもお金が必要だから、「お金がない」と感じると、人間の身体は猛獣にでも出遭ったかのように心臓がドキドキしたり、手に汗をかいたりしがちだ。たとえ本物の危機が迫っていなくても。

お金は幸せな人生の一要素にすぎない

あなたがお金にまつわるどんな思い込みや問題を抱えていようと――「なくてはならないもの」と思っていようと、「なくてもいいもの」ととらえていようと――ある程度のお金は必要だ、と考えていることだろう。お金の必要性に対する考え方で役に立つのは、作家のジョン・アームストロングが「要素アプローチ」と呼んでいるものだ。これは、お金は幸せな人生の一要素にすぎない、という考え方である。お金だけでは力不足だが、ほかの素晴らしい要素と組み合わせれば、お金は目標を達成する力をくれる。アームストロングは、休暇の計画を例に挙げ、お金は次のようなメリットをくれると説明している。

- 行動の自由
- 滞在先の選択肢
- 食べる物や時間の過ごし方を柔軟に選べること

一方、よい休暇を過ごすのに必要なお金以外の要素には、次のようなものがある。

- 目的意識

●自分を知っていること
●目先がきくこと
●打たれ強さ
●冒険心
●文化の違いを尊重する心

お金はあるが、こうした要素に欠ける場合は、「薄っぺらな楽しみ」「さえない思い出」「底の浅い、本物ではない文化体験」「自己否定」「不満」といった結果が残るだろう。一方、これらの素晴らしい要素はあってもお金がない場合は、そもそも休暇を取れない！　お金は、マルチ・ポテンシャライトが情熱を追求するのを支えてくれる。最近好きになった写真に没頭するためにカメラを買う、ロッククライミングのクラスを受講する、ビジネスに資金を投じる、などなど。[6]でも、クリエイティビティや好奇心といったほかの素晴らしい要素

注６　マルチ・ポテンシャライトのライフスタイルを無理なく続けていくには、道具や必要品はなるべく借りたり交換したりすることをお勧めする。少なくとも、その興味が長続きするとわかるまでは。新しいことに移るときには、道具を売るとよいだろう。

がなければ、お金があっても成功はできない。お金はなくてはならないものだが、それだけでは足りないのだ。

必要なお金の額は、人によって違う

生きるためにある程度のお金が必要なのは誰しも同じだが、どれくらい必要かは人によって大きく違う。もともとつましい人やミニマリスト（訳者注：必要最小限の物で暮らす人）は、物を手に入れることにほとんど関心がない。彼らは基本的ニーズを満たしてくれる収入があれば、満足できる。一方、心地よさやメンツにこだわる人は、途方もない収入を望む。私たちのほとんどはその中ほどにいて、ある種の物やサービスにこだわっている。

たとえば、ランニング好きの人は、質の高い靴には大枚をはたくけれど、レストランにはめったに行かないかもしれない。外食することに興味がないからだ。情熱や好みだけでなく、抱えている責任も出費も人によって違う。家族を養っている人もいれば、物価の高い都会に住んでいる人もいる。健康保険がない人も、莫大《ばくだい》な学生ローンを抱えている人もいる。経済状況がどうであれ、大事なことは、自分の目標収入に加えて、自分が何を大切にしているかをはっきりさせること。いくら必要なのか、それはなぜなのかを明らかにせず、やみくもに「もっともっと」と求めていたら、いつまでも足りない気分で過ごすことになる。

【セルフチェック――自分自身の経済的な目標を知ろう】

自分の経済的な目標を明らかにするために、自分自身に4つの質問をしよう。

1. 必要最低限の生活費（家賃、光熱費、食費など）はいくらで、さらにどれくらいの出費があるか？

2. 大切にしているものは何か？　物やサービスに大きな喜びを感じる分野、ほとんど関心のない分野はあるか？　これは個人的・主観的なことなので、自分を責めたりしないこと。朝からラテを飲むのが大好きでも、何の問題もない！　もしかしたらテレビには無関心で、ケーブルテレビを解約しても平気かもしれない。自分が何を大切にし、何がなくても生きていけるのか、正直に答えよう。それを知れば、不要な出費を削って、人生の質を高めてくれるものにもっとお金をかけられる。

3. 成功するためには、人生にどんな物や経験が必要だろう？　少し思い描いてみよう。経済的な目標を達成して、そうしたものを手に入れたら、人生はどう変わり、どんな気分になるだろう？

4．自分のセーフティネットとは？　危機的な状況に陥ったときに、ソファに寝かせてくれたり、お金を貸してくれる友達や家族はいるか？

まずは「生きるためのニーズ」を満たす

マルチ・ポテンシャライトであることを支えてくれるキャリアを築くには、時間と実験が必要だ。目標の収入をすぐに達成するのは難しいだろうから、生きるための最低限のニーズをまずは満たすことが大切だ。たとえば、理想的とは言えないけれど、とりあえずできる仕事を見つける、今の仕事を続ける、わくわくはなくても需要のあるスキルを活かす、貯金で暮らす、出費を抑えたりルームメイトと暮らしたりして生活費を減らす、といったことが必要になる。

ティム・マンリーはプロのアーティスト兼作家になる決心をしたが、高校の国語教師の仕事は辞めなかった。数年間は教壇に立ちながら、アートに取り組んだ。辞める準備がほぼ整ったときも退職はせず、1年間休職し、クリエイティブな仕事だけで食べていけるかどうか見極めることにした。実家に戻って出費を減らし、憧れの仕事をして1年を過ごしたのだ。そのあとまた学校に戻って、教師として最後の1年を過ごしつつ、貯金をし、転職できる環境を整えた。独立についてじっくり考え、試し、家族に頼って出費を抑え、もちろん契約満了まで教師としての責任も果たしてはじめて、ジャンプしたのだ。生活のためにいまいちな仕事にしがみつくなんて……と感じるかもしれないが、夢をかなえる（一時的な）手段にはなる。たしかな収入源があれば、好きなことで「今すぐ稼がなくては」というプレッシャーがないから、自由に実験できる！

お金についてのキーポイント

- 生きるにも成功するにもお金は必要だが、いくら必要かは人によって大きく違う。
- お金は、幸せな人生をつくる要素の一つにすぎない。
- 人生設計をするときは、自分の経済的ニーズ、目標、価値観、状況を知ることが大切だ。
- マルチ・ポテンシャライトであることを支えてくれるキャリアを構築するには、時間と実験が必要だ。まずは、生きるための最低限のニーズを満たすべきだ。

幸せに生きる秘訣　その2：意義

幸せで成功しているマルチ・ポテンシャライトに話を聞いたところ、「多くの収入を得るだけでは満たされない」と言う。人は、「大事なことに携わっている」と感じる必要があるのだ。あなたの目標も、どうでもいい雑用をいくつもこなして、生活費をまかなうことではないはずだ。生計を立てることは大切だ（「多様性」もしかり。これについても、追ってお話ししたいと思う）が、「有意義なことをしている」という実感がなければ、「お金」も「多様性」も意味をなさない。

活動やプロジェクトが有意義かどうかは、携わっているときの気分でわかる。「コミュニケーションと戦略のコンサルタント、講演家、即興の語り手《ストーリーテラー》、教育者」のメリア・スワードに話を聞くと、鼓動が高まり、息が荒くなる感覚を説明してくれた。「意義を感じているときは、自分でわかるわ。人生にそれがないときもわかる。意義がなければ、自分の世界がちっぽけなものに感じられて、人生も型にはまったものになってしまうから」。有意義な活動に携わっていると、キラキラ輝く何かを見つけたような気持ちになる。自分の中のユニークで特別な力を活かしているような、自分より大きくてクリエイティブな力と交信しているような気分になれる。「フロー」に入りやすい、と感じる人もいるだろう。フローに入ると、時間がゆっくり流れたり、速くなったりする。有意義な活動に携わると、人は元気になったり、楽しい気分になれる。時にはつらくてクタクタになることもあるだろう（ソーシャルワーカーや作家と話してみるといい。言っている意味がわかるから）。でも、仕事自体は大変でも、「大事なことに携わっている」という実感があれば、最後までやり遂げられる。

「なぜ？」と尋ねることの大切さ

自分が何を有意義だと感じるかを知る効果的な手段は、自分に簡単な質問をすること。「なぜ？」と尋ねればいいのだ。サイモン・シネックは、大きな影響を及ぼしたＴＥＤトーク「優れたリーダーはどうやって行動を促すか」を通して、「なぜ」という言葉の特別な概念を世に広めた。彼はこう主張している。「私たちが魅力を感じるブランドやリーダーたちは、自分たちがしていることを『なぜ』しているのか、それをよく理解している。そして、『なぜ』という問いをとても大切にしている」と。私たちも人生において、自分自身の「なぜ」を明らかにすることで、それと同じことができる。「なぜ」は自分の情熱を支える原動力なのだ。

自分自身と、自分の原動力をよく知れば知るほど、仕事選びは容易になる。経済的な目標を満たしてくれるだけでなく、自分にしっくりくる仕事が選べるようになる。自分がこれまで何に意義を感じてきたか（弁論《パブリック・スピーキング》、会計学、リサーチ、イラスト、カウンセリングなど）だけではなく、なぜこうした活動に充実感を覚えたのか（人に元気を与えられる、問題を解決できる、新しいことを学べる、瞑想状態に入れる、人が「目を向けてもらっている」と感じる手助けができる、など）を理解する必要がある。

　ヘザー・マティンデは、発達障がいを持つ子どもたちと仕事をするうちに気がついた。人々が自然の世界に触れることで、心身ともに楽になるサポートをするのが好きなのだ、と。自分のそんな一面を知ったことで、ヘザーは最小限の機能を備えた「ミニマリスト・サンダル」のビジネスを始めた。「ベアフット（裸足）サンダル」とも呼ばれるこうした靴にはクッション性がほとんどなく、ヒールもないので、履く人は足元に広がる大地を感じられる。ミニマリスト・サンダルを履いた多くの人が「自由で開放的な気分になる」と語っている。障がいを持つ子どもたちとの仕事とは違う形だけれど、これも人々が自然に触れ、自然を感じ、心地よくなり、パワーをもらうのを支える活動だ。そういうわけで、このプロジェクトは、ヘザーの「なぜ」に完ぺきにマッチしている。

　自分の「なぜ」を知れば、一見ばらばらに見えるいくつもの興味をつなぐ物語が生まれる。それは、新たなキャリアの選択肢を考える第一歩になるだろう。たとえば、自分の「なぜ」の一つが「複雑な概念をわかりやすくする」ことだとわかれば、教えることやイラストを描くこと、科学コミュニケーションのような分野で働くことに（もちろん、これ以外にもいろいろな選択肢が考えられるが）意義を見出せるだろう。「なぜ」の一つが「人々が安心できるようサポートする」ことなら、心理療法、人材育成、社会福祉、さらには保険の仕事にさえ意義を見出せるかもしれない！　ある分野や職業に意義を感じられるかどうかは実験してみないとわからないが、自分の「なぜ」を知ることで、まずはどこで実験を始めるべきか、その手がかりが得られる。

【セルフチェック――自分自身の「なぜ」を掘り下げてみよう】

次のエクササイズは、あなたの「なぜ」を知る助けになるだろう。

1. 自分がイキイキと輝き、水を得た魚のような気分だったときのことを思い出そう。それは、何をしていたときだった？　目を閉じて、どんな状況だったのか、そこに誰がいて、自分がどんな気分だったのか、思い出してみよう。詳しく思い出せれば出せるほどいい。もしかしたら、絵で表現したくなるかもしれない。その瞬間は、過去の仕事にあったかもしれないし、プライベートな時間にあったかもしれない。私が初めてこのエクササイズをしたときに頭に浮かんだのは、子どもの頃にキッチンの木製の丸テーブルでお絵描きや工作をしながら、ぬいぐるみたちとお茶会をしていた風景だ。当時はあのテーブルで、何時間も過ごしていた。

2. 具体的な活動（歴史の本を読む、マーケティング戦略を売り込む、家具をつくる、小説を書く、機械技師のチームと手術用ロボットを設計する）が明らかになったら、俯瞰《ふかん》的な目で見よう。あなたは、その活動の何が好きだったのだろう？　なぜ魅力を感じたのだろう？　私の場合、キッチンテーブルで過ごした時間の何が好きだったかと言えば、工作やお茶といった具体的な手段ではなく、想像し、つくり上げることが好きだったのだ。キッチンテーブルは、私がアイデアを形にする場所だった。表現手段は、絵でも、小麦粉粘土でも、お人形遊びのお話でも構わなかった。私は今日までずっと、想像し、つくり上げる仕事を求め、魅力を感じてきた。映画制作、執筆、オンラインコミュニティの設立、と仕事の形はさまざまだけど構わない。どれも、想像し、つくり上げるための手段にすぎないのだから。

3. あなたがイキイキと輝いていた瞬間を3〜5つほど思い出し、1〜2のステップを繰り返そう。それぞれの思い出が毛色の違うものでも構わないし、魅力を感じた理由がそれぞれに違っていても、相反していても構わない。

4．ノートの新しいページや離れた場所に、あなたが見つけた「なぜ」のリストをつくろう。

5．このエクササイズで思い出した、それぞれの瞬間をもう一度振り返ろう。仕事や私生活において、同じ理由で魅力を感じた体験はほかにないだろうか？

6．それぞれの瞬間に、ほかの共通点はないだろうか？　ほかの人たちも参加していたか？　いたとしたら、どんな人たちだった？　そういう瞬間は、静かな環境で生まれていた？　それとも、テンポの速いエネルギーに満ちていた？　先ほども言ったように、環境が相反するものに思えても、気にしないこと。一人の活動、グループでの活動、両方好きでも構わない。マルチ・ポテンシャライトだから、矛盾は織り込みずみでいこう。

「なぜ」は、一つでなくても構わない

あらゆる興味も経歴も、つい一つの原動力にまとめたくなる。でも、たった一つの「なぜ」をつくり出そうとすると、物事を単純化しすぎて、「スペシャリストが理想的だ」という考え方をまたしても自分の人生に当てはめてしまう恐れがある。自分を動かしているパタ

ーンや力を理解しよう。ただし、自分の多面性を快く受け入れてほしい。あなたは複雑で味のある人間で、矛盾も意外性も抱えている。そこがいいのだ。

人生全体で「お金」と「意義」を満たせばいい

自分が夢中になるすべてのことが収入を生み、とても有意義だと思えたら、もちろん最高だろう。意義ともうけがなるべく重なり合うのを目指したいところだが、マルチ・ポテンシャライトは好きなものを山ほど抱え、日々変化し続ける生き物だ。楽しみのためだけに（あるいは、お金のためだけに）何かに取り組んでも、何も恥ずかしいことはない。

収入を生まない活動をおとしめるのは簡単だけど、もうけと価値を混同しないように気をつけよう。たとえ仕事につながらなくても、私生活を豊かにしてくれる活動もある。成長のチャンスをくれたり、恩返しができたり、心身の健康を改善できたり、家族と充実した時間を過ごせたり、ほかにも、数値化はできないけれど大きなメリットをくれるかもしれない。

マルチ・ポテンシャライトはたいてい、一生のうちに多くのプロジェクトや活動に携わるが、もうかるものももうからないものもあるだろう。結局のところ、どの活動が収入をもたらしてくれるかは、問題ではない。全体として、生活していけるお金があればいいのだ。

同じように、お金のためだけに何かに取り組んでも構わない。はっきり言えるのは、自分の仕事を嫌うべきではないこと。魂が満たされない仕事にどの程度耐えられるかは人それぞれだけど、生活費をまかなうためにスキルを活用しても問題はない。ニール・ヒューズはフリーランスのプログラマーだが、作家で、スタンダップ・コメディアンで、メンタルヘルスの提唱者でもある。収入の大半を稼ぐのはプログラミングの仕事だが、大好きな作業というわけではない。プログラミングは一番稼げるスキルで、ほかのプロジェクトはどの意義は感じないけれど、このスキルのおかげでほかのプロジェクトに携わることができている。「お金」と同じで「意義」も、手がけるすべてのことから得る必要はない。大切なのは、人生全体を通して、「世の中にいい影響を及ぼせている」と感じられる「意義」を持つことなのだ。

意義についてのキーポイント

- ●マルチ・ポテンシャライトが幸せになるには、人生に意義が必要だ。
- ●活動が有意義かどうかを決める正式なルールはないが、意義を感じているときはたいてい自分でわかる。
- ●自分が意義を感じられる活動を知る手段の一つは、自分の「なぜ」を知ること。「なぜ」は、自分に意欲を与え、動かす力なのだ。

●自分の「なぜ」を見つけるには、意義を感じた過去の活動を振り返る必要がある。どんな活動だったかではなく、なぜ楽しめたのかを、自問すること。何が自分を惹きつけ、イキイキした気分にさせたのだろう？
●複数の「なぜ」があってもいいし、「なぜ」同士が相反しているように見えても構わない。
●楽しみのためだけに、あるいは、お金のためだけに何かに取り組んでも構わない。人生に必要な「お金」と「意義」を、全体として手に入れられるなら。

幸せに生きる秘訣　その3：多様性

おそらくこんなことわざを耳にしたことがあるだろう。「好きなことを仕事にすれば、一生働かなくてすむ」。このアドバイスは、マルチ・ポテンシャライトにはあまり役に立たない。なぜなら、幸せになるために「多様性」を求めるよう生まれついているからだ。たとえ好きなことを仕事にしても、毎日永遠にやり続けなくてはいけないなら、不満が募ってくるはずだ。ところが、進路ガイダンスのたぐいは、世の中には多様性が欠かせない人間がいることを、ほとんど理解していない。同時に複数の分野で仕事を始めるのを支援してくれるキャリア・カウンセラーはまずいないし、キャリアにまつわる本も、選択肢を一つに絞って「ぴったりな」職業へと導こうとする。いくつもの興味を組み合わせ、いくつもの役割を演じられる多面的な仕事を考え出すのを手伝ってはくれない。多様性を求める思いは、優先されるどころかほとんど認められていないのだ。

キャリアに豊かなバリエーションを持てば、１日の中でいくつもの活動に携わり、「お金」も「意義」も得ることができるし、ほどよい頻度でプロジェクトの間を行き来できる。どんなマルチ・ポテンシャライトも、幸せでいるためには人生に多様性が必要だが、お金や意義と同じで、多様性がどの程度必要かも人それぞれだ。私たちは多様性に欠けると退屈し、イライラし、「自分の持ち味を発揮できていない」と腹を立てる。逆に多様になりすぎると、プロジェクトが思ったようにはかどらず、心の余裕をなくしてイライラし始める。

マルチ・ポテンシャライトは、スケジュールを詰め込みすぎて、人生を多彩に広げすぎるきらいがある。新しいことを学びたい、経験したい、という思いが強いのだ。今ひらめいたＹＡ《ヤングアダルト》小説のアイデアにも、憧れのアイルランド自転車横断旅行にも、さらには、今見つけた最高にステキな海洋考古学の大学院課程にも、「やります！」と手を挙げたいのだ。一生というスパンなら、そのすべてを（いや、それ以上だって）経験できるだろうが、すべてを同時に追求したら、心の余裕をなくしてあまり楽しめないだろう。

マルチ・ポテンシャライトなのだから、一つに絞る必要はないが、あまりに多くを抱えすぎてもストレスで参ってしまう！　ありがたいことに、一つしかできないことと、ありとあらゆることに携わることとの間には、ほどよい領域がある。あなたがやるべきことは、自分が心地よい場所を見つけること。それは、人それぞれに違う。3つのプロジェクトなら同時に楽しめるけど、4つ目が加わったら心の余裕をなくしてしまう？　4つよりもっと多くても大丈夫？　もしかしたら、10個くらい抱えてもうまくやれるかもしれない。あるいは、第1章に出てきた「同時――順次」直線では「順次」タイプで、ある分野を深く極めてから次の分野に移るのが好きなのかもしれない。

どの程度の多様性が必要かは人によって違うだけでなく、ある人の人生の中でも変化する。私も映画制作を学んでいた頃は、ほかのことはほとんど考えなかった。映画のプロジェクトが人生のすべてで、1年のうち8ヵ月は12分間の映画を撮るのに没頭していた。かと思えば、3つも4つも違う分野のプロジェクトを抱えていた時期もある。20代のある時期には、会社を経営し、アルバムの曲を書き、化学の授業を受け、学校で放課後に教えるボランティアまでしていた。この原稿を書いている今も、オンラインコミュニティを運営し、講演の準備をし、もちろんこの本にも携わっているわけだから、たくさんのビジネスを展開している。私たちはさまざまな季節を経験する。一つの分野にどっぷり浸るのが心地よい時期もあれば、多様性から元気をもらい、わくわくする時期もある。

多様性は複数の仕事からも、一つの仕事からも得られる

映画制作は、実にさまざまな分野にまたがる仕事だ。つまり、映画制作者は毎日、文章を書く、絵を描く／絵コンテをつくる、監督する、写真を撮る、編集する、作曲する、ビジネスをする、イベントを企画する、マーケティングする、など多彩なスキルを活用している。私もかつては文章を書き、監督し、プロデュースし、自分の映画の曲をつくっていた。やれることが山ほどあるのが、うれしくて仕方なかった！　だから、ほかのことを考える間もなく、あっという間に8ヵ月が過ぎた。

さまざまな分野にまたがる仕事をしていたら、多様性を求めるニーズを満たすために、新たな活動に手を出す必要はほとんどない。たとえば、人工知能のような分野は、心理学、哲学、テクノロジー、神経科学、コンピューター科学、数学、ロボット工学、パターン認識、機械学習、視覚認識といった分野の融合である。また、「持続可能な開発」という分野の場合は、組織開発、経済学、社会正義、生態学、政治、テクノロジー、ビジネス、建築、文化への理解が求められる。こうした分野のプロジェクトは、部外者には「一つのもの」に見え

るかもしれないが、多様性をどっさりと提供してくれる。その仕事がさまざまな分野にまたがっていればいるほど、私たちは多様性を求めなくなる。そして、逆もまたしかりだ。

【セルフチェック――あなたは多様性をどれくらい求めているか？】

次の問いは、あなたの人生にどの程度の多様性が必要かを知る助けになるだろう。最初の3つの問いは、あなたのパターンを理解するのに役立ち、4〜6の問いは今の状況を評価するのに役立つだろう。

1. これまでの人生で、同じことをやりすぎて退屈したり、うんざりしたときのことを思い出そう。そのとき、いくつのプロジェクトに取り組んでいただろう？　プロジェクトはさまざまな分野にまたがるものだった？　それとも、かなり専門的なものだった？

2. 同時にたくさんのプロジェクトを抱えすぎて、心の余裕を失ったときのことを思い出そう。そのとき、いくつのプロジェクトに取り組んでいただろう？　プロジェクトはさまざまな分野にまたがるものだった？　それとも、かなり専門的なものだっ

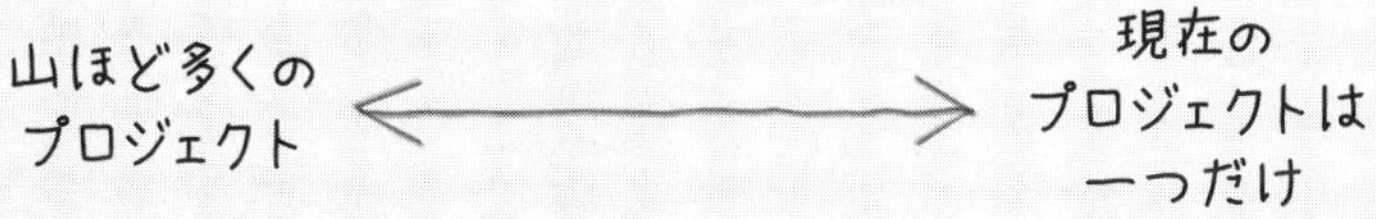

た？

3. 取り組んでいるプロジェクトのバランスが完ぺきに取れている、と感じたときのことを思い出そう。そのとき、いくつのプロジェクトに取り組んでいただろう？　プロジェクトはさまざまな分野にまたがるものだった？　それとも、かなり専門的なものだった？

4. 今、私生活と仕事で取り組んでいるプロジェクトのすべてを思い浮かべよう。そして、上の直線のどこに自分がいるか、×印をつけてみよう。

5. ではこの直線上で、あなたが理想とする地点に×印をつけよう（注：このエクササイズの答えは、人生の時期によって変わる）。

6. 5でつけた×印の位置は、4の×印の位置と違っていたか？　5の×印に行くためには、何が必要だろう？　どんなプロジェクトや活動をやめたり、加えたりすればいいのだろう？

自分が求める多様性がどれくらいか、実験してみよう

自分の人生にどの程度の多様性が必要かを知っておくことは役に立つが、状況が新しくなるたびに、自分が求める多様性を予想するのは難しい。どれくらい多様性が必要かはプロジェクトの性質次第なので、実験して（退屈していないか、心の余裕をなくしていないか、などと）振り返ることが大切だ。そうすれば、プロジェクトを増やしたり減らしたりして、満足な状態に近づくことができる。

多様性についてのキーポイント

- 進路ガイダンスのたぐいは、多様性が必要なことをほとんど理解していないが、マルチ・ポテンシャライトにとっては、絶対に欠かせないものだ。
- 多様性を十分に持てば、さまざまなスキルやプロジェクトの間をほどよい頻度で行き来できる。
- どの程度の多様性が必要かは人によって違うし、ある人の人生の中でも変化する。
- 取り組んでいるプロジェクトや分野がさまざまな分野にまたがっていればいるほど、心を満たすために活動を増やす必要はなくなる。

・実験をすることが大切だ。自分の気持ちに注意を払い、プロジェクトを増やしたり減らしたりして、自分にとってほどよい多様性を実現しよう。

理想の人生をはっきり描こう

今ここで取り組んでいるのは、キャリアだけでなく人生を設計すること。だから、一歩離れて「理想の仕事やキャリアとは？」と自分に尋ねるだけでなく、「理想の人生とは？」と問いかけることが大切だ。より広い視野に立ち、自分が何を目指しているのかを知れば、経済的に恵まれた人生を構築する方法が見えてくるだろう。自分のさらに大きな目標を知り、自分のキャリアがどのように人生というパズルにおさまっていくのかを考えよう。

【セルフチェック――あなたの完ぺきな１日はどんなもの？】

「完ぺきな１日」のエクササイズは、とても役に立つ。どちらの方向に進むべきか、手がかりをくれる。無気力になり、励ましが必要なときにも意欲をくれる、パワフルな手段だ。

1. 朝、目を覚ました自分を思い浮かべよう。どんな環境にいて、そこには誰がいるだろう？　起き上がって、何をしている？　次にすることは？　夜に目を閉じる瞬間までの1日を、記述しよう。
2. あなたは1日中、どんな気分でいるだろう？　このエクササイズは現在形で行い、未来の自分の視点に立とうと努めること。
3. あなたの「完ぺきな1日」は、すでに見つけた「なぜ」のどれかとマッチしているだろうか？

私は以前、このエクササイズがうまくできなかった。いくつもの「完ぺきな1日」――試してみたいいくつもの人生――がどんどん頭に浮かんでしまうからだ。あなたもそうだとしたら、1日の活動を具体的に考えすぎないようにしよう。脚本ルームで医療ドラマの筋書きを売り込んでいる自分を思い浮かべる代わりに、「アイデアを売り込み、チームとブレインストーミングをしている」時間をイメージしてみよう。これなら、グループで行うクリエイティブなプロジェクトであれば、どんなものにも応用できる。自分の「なぜ」をそこに組み込むこともできる。

あるいは、いくつもの「完ぺきな1日」をイメージするのも一案だ。ある「完ぺきな1日」では、ニューヨークに住むアーティストだけれど、別のバージョンでは、スペインの美しい邸宅にあるレストランのオーナーだとしたら、どちらも記述してみよう。そして、今自分が何に取り組んでいて、何に向かって進んでいるのかわからなくなったときは、「完ぺきな1日」を引っ張り出して最後まで読もう（あるいは、そこに書き加えても構わない）。

人生に必要な「お金」「意義」「多様性」をどうやって手に入れる？

この章のエクササイズをすべて終えたら、自分が経済的、個人的、精神的に何を求めているのかが見えてきただろう。当然ながら、目標は時と共に変わるので、自分の答えにしばられる必要はない。ただ、自分がどんな人生をつくりたいのかをざっくりとつかむことは、大切な第一歩だ。次の4つの章では、これらのエクササイズへのあなたの答えを何度も活用するので、大切に保管しておいてほしい。

ここからさらに進んで、あなたの仕事人生を具体的に定義していこう。あなたは、必要な「お金」と「意義」と「多様性」を、どのように手に入れるつもりだろう？　どの分野（との分野）の仕事を追求していくのだろう？　今持っているスキルを、どこで活かすのだろう？　どんな組織で働きたい？　それとも、自営業を目指したい？　そろそろ具体的に考え、あなたの多彩なスキルや興味と相性のいいキャリアにはどのようなものがあるか、アイデアを出し始めよう。

Part 2

マルチ・
ポテンシャライトの
4つの働き方《ワークモデル》
十人十色

マルチ・ポテンシャライトにとって理想的な、ただ一つのキャリアなど存在しない。でも、一つ気づいたことがある。それは、幸せなマルチ・ポテンシャライトの大半が、次の4つの働き方《ワークモデル》のどれかを採用していることだ。

ワークモデル その1：グループハグ・アプローチ

「グループハグ（まとめて抱きしめる）・アプローチ」とは、一つの多面的な仕事またはビジネスに携わることで、職場で多くの役割を担い、いくつもの分野を行き来できること。

あなたは、

●さまざまな能力を求められる、多面的なプロジェクトが好きか？
●「お金のためにしていること」に、自分のすべて（かそれに近いもの）を反映させたいと思うか？
●ばらばらのプロジェクトをたくさん抱えすぎると、心の余裕をなくしてしまうか？
●ある分野に専念しているときも、それが自分の仕事全体に貢献している——と思えるような働き方をするのが好きか？

■ワークモデル その1：グループハグ・アプローチ

今の問いに2つ以上「はい」と答えた人は、第4章で取り上げる「グループハグ・ワークモデル」にとくに注目してほしい。

ワークモデル その2：スラッシュ・アプローチ

「スラッシュ・アプローチ」とは、パートタイムの仕事やビジネスをいくつか掛け持ちし、その間を日常的に飛び回っていること。

あなたは、

●まったく違うテーマを頻繁に行き来するのが好きか？

●専門的な、あるいはニッチなテーマに魅力を

■ワークモデル その2：スラッシュ・アプローチ

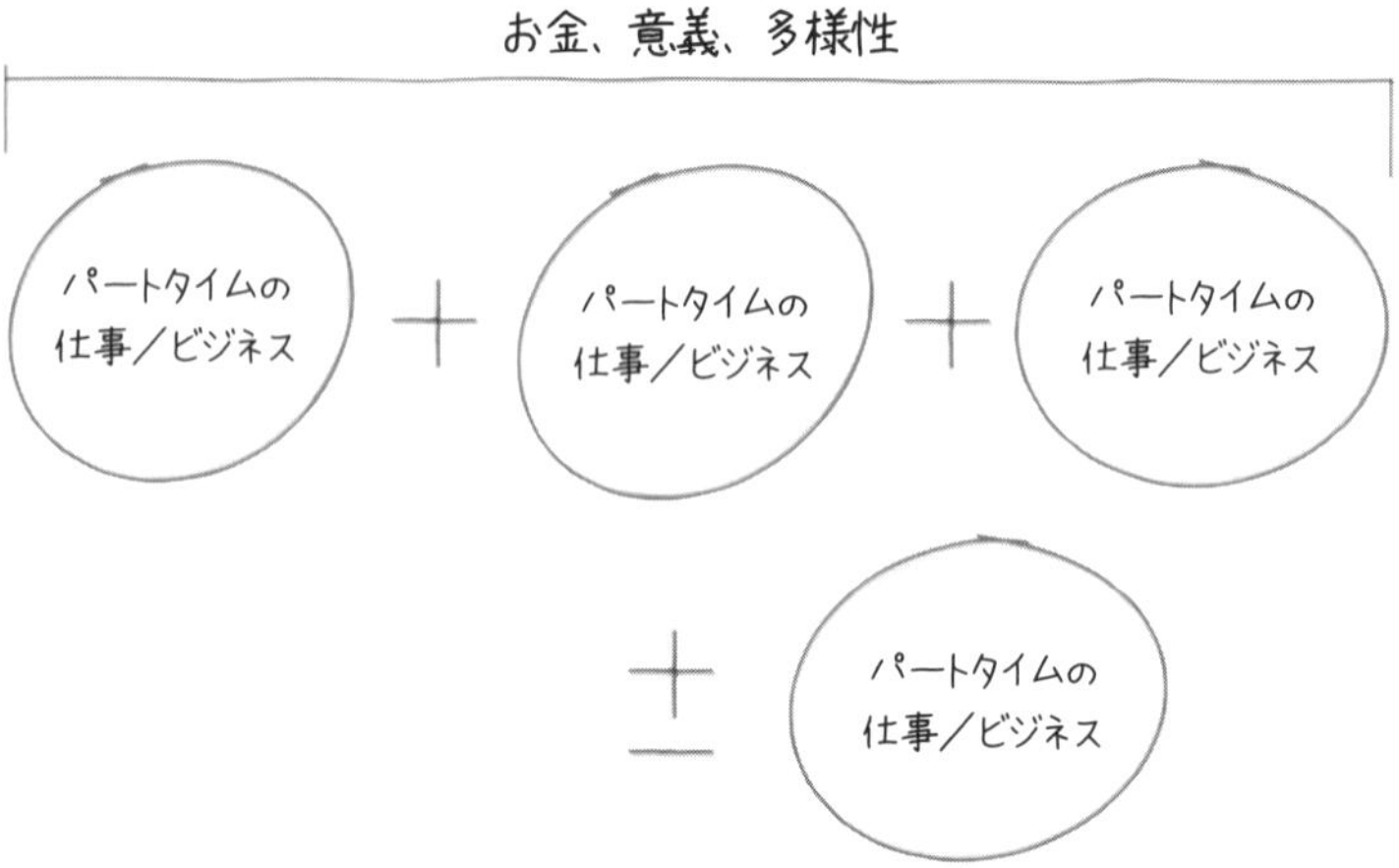

感じることが多いか？

●自分が情熱を感じるものを組み合わせて、一企業のサービスに組み込むことにはあまり関心がないか？

●安定よりも、自由で融通がきくことを重視しているか？

今の問いに2つ以上「はい」と答えた人は、実はスラッシュ（掛け持ち）型の仕事第一主義者《キャリアリスト》かもしれない。第5章があなたの好みに合うだろう。

ワークモデル　その3：アインシュタイン・アプローチ

「アインシュタイン・アプローチ」とは、生活

■ワークモデルその3：アインシュタイン・アプローチ

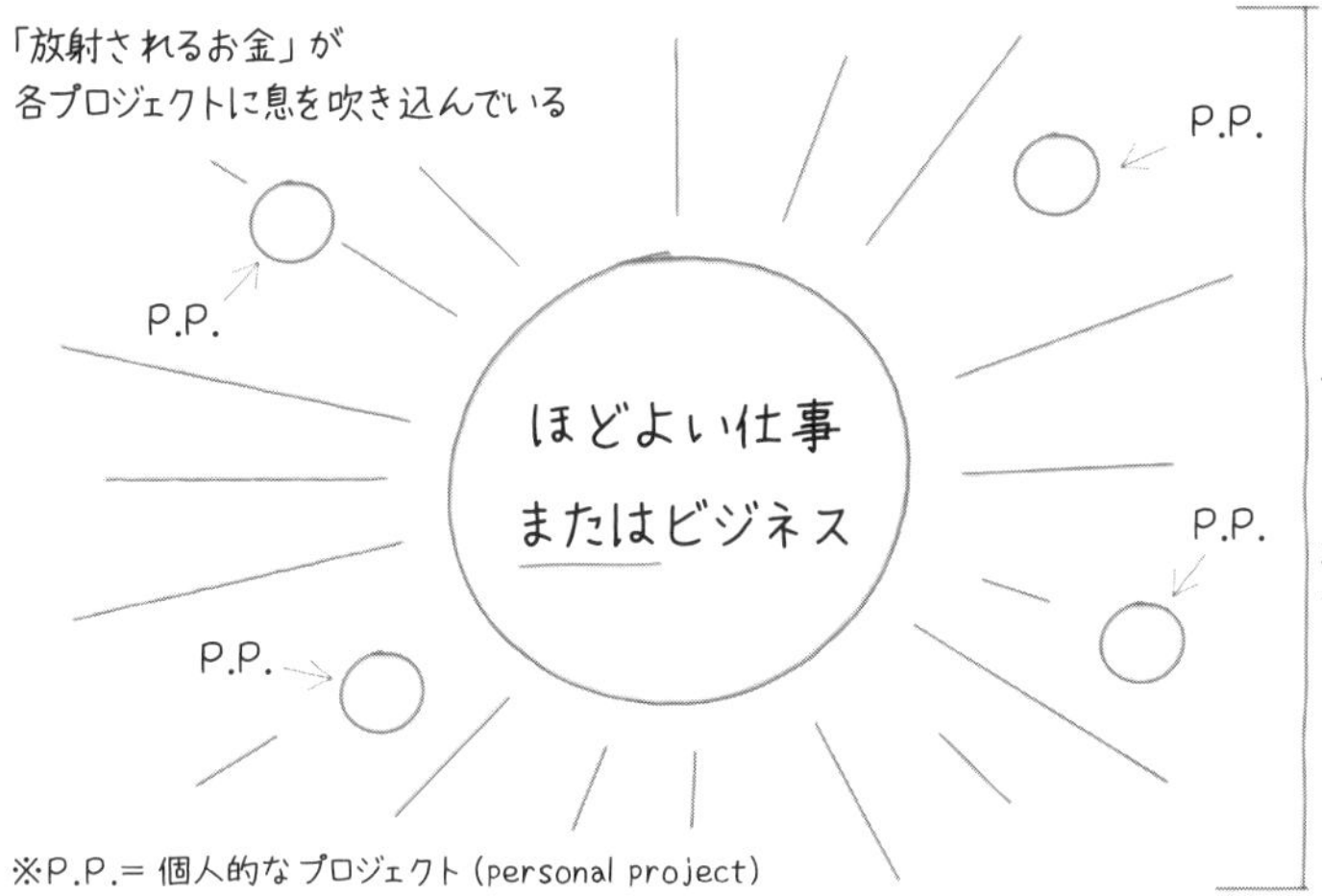

を支えるのに十分な収入を生み出し、ほかの情熱を追求する時間とエネルギーも残してくれる、フルタイムの仕事かビジネスに携わること。

あなたは、

●融通がきくことよりも安定を重視しているか？
●仕事は楽しくあってほしいけど、人生で一番大事なことでなくても構わない——と思っているか？
●心惹かれるたくさんのことを趣味として楽しんでいるとき、喜びや意義を感じるか？
●あまりもうからないこと（芸術にまつわることなど）を追求したくなるか？

今の問いに2つ以上「はい」と答えた人は、

第6章の「アインシュタイン・アプローチ」をチェックしてほしい。

ワークモデル その4：フェニックス・アプローチ

「フェニックス（不死鳥）アプローチ」とは、ある業界で数ヵ月、もしくは数年働いたあと、方向転換して、新たな業界で新たなキャリアをスタートさせること。

あなたは、

- かなり長期間にわたって、物事に熱中するタイプか？
- 新しい分野に移りたくて仕方なくなる頃には、何ヵ月も何年も過ぎているか？
- あるテーマに深く入り込むのが好きで、よく専門家と間違えられるか？
- 1日がそれほど多様性に満ちていなくても、幸せでいられるか？

今の問いに2つ以上「はい」と答えたなら、あなたを象徴する動物はフェニックスかもしれない。第7章で「フェニックス・アプローチ」に関するすべてを学んでほしい。

■ワークモデル その4：フェニックス・アプローチ

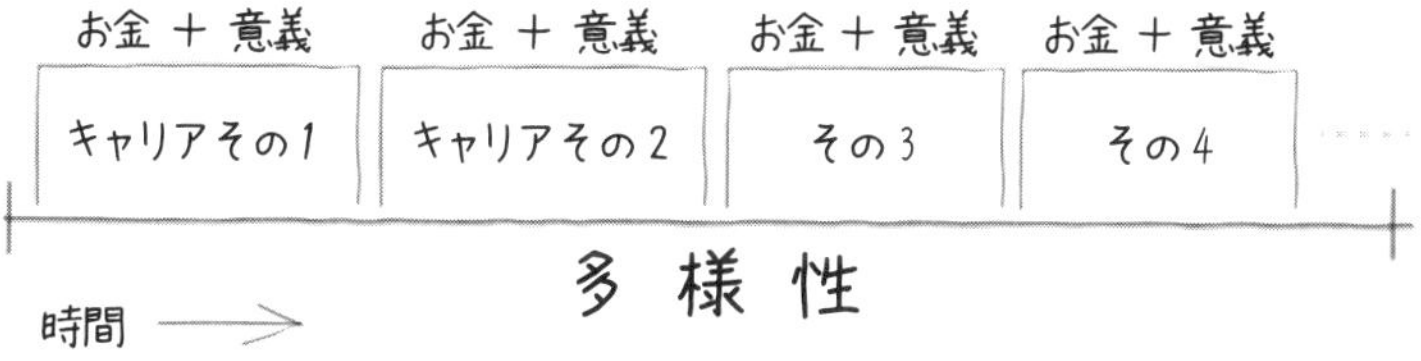

次の4つの章で、4つのワークモデルについて一つずつ詳しく見ていきたいと思う。その中で、たくさんの面白いマルチ・ポテンシャライトをご紹介しよう。そして、それぞれのワークモデルを採用したら、あなたの人生がどうなるのかを一緒に考えよう。

ワークモデルだって一つではない

この本でご紹介する4つのワークモデルは、柔軟に、さまざまにカスタマイズできる。マルチ・ポテンシャライトのみなさんに、「1つ選んで！」などと大胆な発言をするつもりはない。4つのアプローチを、好きなように組み合わせてほしい。数年ごとにモデルを替えても、混ぜてハイブリッドにしても、何の問題もない。ワークモデルは、あなたをしばるためのものではないからだ。あなたが自分の多くの面に気づき、それをどのように充実したキャリアや人生に変えていくのかを思い描く、出発点にしてほしいだけだ。

第4章

グループハグ・アプローチ

ある一つの多面的な仕事に就き、その中でいくつもの分野を行き来する

巨大な円陣を組んでみんなでハグし合うように、あなたの興味の対象が一堂に会して抱き合う姿を想像してみよう。バカバカしい、と思うかもしれないが、まあ、わかりやすい一つのたとえだと思ってほしい。もしあなたの興味を一まとめにしたキャリアが、本当に見つかったり、構築できたとしたら？　驚くなかれ、**「グループハグ（まとめて抱きしめる）・アプローチ」を取れば、一つの多面的な仕事、またはビジネスに携わることで、職場で多くの役割を担い、いくつもの分野を行き来することができる。**「グループハグ・アプローチ」のもとでは、一つのキャリアの中で、「お金」「意義」「多様性」のニーズがすべて満たされる。多様性が織り込まれた仕事だから、時間がたっても新鮮でエネルギーにあふれている。

あなたが、さまざまな能力を求められる多面的なプロジェクトが好きで、「お金のためにしていること」に、自分のすべて（かそれに近いもの）を反映させたい、と考えているなら、「グループハグ・キャリア」がぴったりかもしれない。

興味をぐちゃぐちゃに混ぜる（スムーシング）

グループハグ・キャリアは、見つけることもつくり出すこともできる。あなたの興味にマッチした、複数の分野にまたがる仕事を探してもいいし、自分の多彩な個性が活かせて、仕事に自分のすべてを注げるような役割やビジネスをつくり出しても構わない。いずれにせよ、いくつかのテーマをきちんと組み合わせ、一つのキャリアにまとめる必要がある。私はそのプロセスを、「スムーシング（ぐちゃぐちゃに混ぜる）」と呼んでいる。**スムーシングとは、まったく異なるものを混ぜ合わせること。**たとえば、ある人は、政治学と料理と人類学と教育への興味をスムーシングして、「世界の料理」教室を通して、子どもたちがさまざまな文化を学べる団体を設立するかもしれない。あるいは、音楽と心理学への興味をスムーシングした仕事だからと、音楽療法士になる道を選ぶ人もいるだろう。

では、マルチ・ポテンシャライトが自分の興味をスムーシングして、夢のようなグループハグ・キャリアを生み出すための、5つの戦略をご紹介しよう。

戦略① 複数の分野にまたがる分野で働く

世の中に、たまたまあなたの興味と重なる分野はないだろうか？ いくつもの分野にまたがる分野で働く人は、さまざまな業界やさまざまな物の見方を理解していなくてはならない。[7] ぴったりの分野を見つけたら、多様性をこよなく愛するマルチ・ポテンシャライトでも、一つの分野でご機嫌に過ごせるだろう。

ヒメナ・ヴェロスは都市計画の立案者だ。この仕事は、もともといくつもの分野にまたがっている。彼女の1週間を見てみると、調べ物をし、地図をつくり、実地調査を行い、インタビューをし、コミュニティと連携し、報告書の原稿を書き、イベントの企画をし、政策の実施計画を立て、設計し、市民とコミュニケーションを取り、プロジェクトが認可されるよう求め、完成したプロジェクトの評価を行っている。理論と実践の両方に携わる機会がたっぷりある上に、ヒメナはさまざまな状況で働くことができている。

「部屋にこもったり、調べものをしたり、ぶっ通しで考えたり、同僚と議論したりもできるけど、外へ出てフィールドワークもできるわ。それに『都市』の定義は幅広いから、住宅、交通、環境、教育、芸術、農業、経済学、建築、デザイン、景観、政治、歴史など、たくさんの分野を探求できる」

耳寄り情報：マルチ・ポテンシャライトのコミュニティには、それは大勢のベテランの建築家がいる。初めてこの傾向に気づいたときは驚いたけれど、考えれば考えるほど納得がいく。建築も、複数の分野にまたがる分野だからだ。文系と理系を融合し、小さな家からゴールデン・ゲート・ブリッジの建設に至るまで、数々の魔法を生み出してきた。言うまでもないが、複数の分野にまたがる分野は、それこそ無数にある。たとえば、人工知能、芸術療法、統合医療、環境政策、ロボット工学、ビデオゲームの設計、生命倫理、カウンセリングなどもそうだ。マルチ・ポテンシャライトはこうした分野に惹かれ、そこで成功する傾向がある。[8]

注7　第3章の「多様性が必要だ」という話の中で、さまざまな分野にまたがる分野（そして、私がどれほど映画制作と相性がよいか）について取り上げている。

注8　複数の分野にまたがる分野をさらに知りたいなら、「付録」を参照のこと。

戦略② マルチ・ポテンシャライトがご機嫌でいられる場所を探す

ある分野に少し興味を抱いたのに、ものの数ヵ月ですっかり飽きてしまった、という経験はないだろうか？　かと思えば、マルチ・ポテンシャライトにとくに優しく見えない分野に、私たちにぴったりの場所が隠れていることもある。ほんの少し調べてみると、多様性を求める人や多才な人が心惹かれる、複数の分野にまたがる専門分野が見つかるかもしれない。

ケイティ・モウルドは大学で医薬品化学を学んでいたが、卒業が近づくにつれて、「仕事を特定の分野に絞りたくない」と思うようになった。仲間たちは何かの専門家になろうとしていたけれど、科学のある一面だけに専念するのは窮屈《きゅうくつ》な気がしていた。幸いケイティは、「科学コミュニケーション」という分野を見つけた。科学的な概念を、専門家以外の人たちに伝える仕事だ。ケイティは次のように言う。

「科学コミュニケーションの仕事をするには、科学のあらゆる側面を幅広く、しかも細かいニュアンスまできちんと理解していなくてはいけないの。同じテーマについて話すにしても、聞き手がどんな人たちでどの程度の理解力があるかに合わせて、話し方を調整する必要があるからね。パブリック・スピーキングや演技の力、聞き手をマネジメントする力、いろんな学習スタイルへの理解、クリエイティブな才能、ほとんど（あるいはまったく）練習せずに熱く情報を伝える力（つまり、即興でやる力）が求められるわ。科学コミュニケーションの世界は、多くの専門分野にまたがるプロジェクトを好む、素晴らしい性質を持っているの。聞き手に驚くほどなじみのある表現で説明し、科学的な概念を理解できるよう助ける仕事だから、この仕事に魅力を感じる人たちはたいてい、幅広い興味や影響力を持ってる。私がこれまでに携わったプロジェクトには、芸術と科学、音楽と科学、フランス語と演劇と科学、プログラミングと科学、食べ物と科学、といった組み合わせのものがあったわね」

科学という領域の中でニッチに見えた分野が、実はマルチ・ポテンシャライトにぴったりの多面的な世界だったのだ。こうしたことは、あなたが思う以上に頻繁に起こっている。だから周りを見回しても、マルチ・ポテンシャライトをつい見逃してしまうのだ。あなたは、今携わっている分野のスムーシングが足りない（つまり、多様性がなくて息が詰まる）と感じているかもしれないが、少しリサーチが必要なだけかもしれない。もしかしたらその分野の中に、多彩なあなたと相性のいい専門分野や学派があるかもしれない。

教育は幅の広い分野だから、先生たちは毎日たくさんの役目をこなさなくてはならない。

カウンセラー、進行役、リーダー……と絶えず役目を切り替えている。さまざまな学習スタイルに対応し、文化の違いを乗り越え、生徒の社会的・感情的な問題に対処している。効率的なクラス運営は、小さな国家の運営のよう。素晴らしい！　の一言である。

ただし、教師になったことで十分な多様性が得られたと感じる人もいれば、「まだ足りない」と思う人もいる。サラ・マイスターは、「シュタイナー教育」の小学校で教えている。シュタイナー教育とは、オーストリアの哲学者、ルドルフ・シュタイナーの教えに基づく、ユニークな教育方法だ。「教室での典型的な1日を教えてください」と言うと、サラは次のように説明してくれた。

「1日の中心となるカリキュラムは『メイン・レッスン』と呼ばれているの。これは月曜から金曜まで、1日の最初に行う2時間授業のこと。授業は『モーニング・サイクル』から始まるわ――運動、ゲーム、詩、歌、リコーダーの演奏、頭韻《とういん》（訳者注：同じ音で始まる言葉を並べて文章をつくるゲーム）、玉入れ、模型づくり、人物画、暗算、単語のつづり方など、日によっていろんなアクティビティをするの。それから前日の授業の復習を口頭かアクティビティを通して行う。それから、今日学ぶ内容が詰まった物語を学ぶ。最後に、子どもたちは前日か今日の授業で学んだことに、クリエイティブな形で取り組むの。

グループでお芝居を書いたり、絵を描いたり、まとめを書いたり、粘土でアフリカの地図をつくったりね。ここで重視しているのは、実践し、探求する学習であることよ。先生は『世界』なの。つまり、授業を通して、生徒たちに世界をもたらす存在。先生が重視しているのは、真実と美しさと善良さよ（批判的思考が教室で扱われるのは、中学校からだ）」

シュタイナー教育の小学校では、先生は一つのクラスに対して、ほぼすべての教科を教える。そのため、先生たちは別々の教科の似通った部分に気づいて、授業に活かすことができる（フィンランドでは最近、教育制度が改革され、教科別の授業の代わりにさまざまな分野にまたがるカリキュラムが導入された！）。

一方、伝統的な欧米の学校では、学科はそれぞれ別に教えられ、別物と考えられている。一般的なアメリカの学校に通う生徒は、国語のクラスへ行き、45分後には理科のクラスに移り、そのあと体育の授業を受け……といった具合に1日を過ごす。そうした学校の先生たちが、ほかの教科の先生と連携したり、教科同士のつながりを見出したりすることはめったにない。シュタイナー教育の学校では、先生は生徒たちと一緒に1日を過ごすだけでなく、クラスのみんなと一緒に上の学年に上がる。小1を教えている先生は、みんなが2年生になると、彼らに2年生の勉強を教える。次の年にも、同じグループの子どもたちに3年生の勉強を教え、みんなが8年生を終えるまで一緒に過ごす。

サラがこの学校で教えることを選んだのにはさまざまな理由があったが、仕事で多様性とクリエイティビティを堪能できるのは、素晴らしい特権に違いない。「自分が夢中になっていることは、授業にどんどん取り入れなさい」と言われるし、普通の小学校よりずっと自由に組織の間を行き来できる。同じグループの子どもたちに、たくさんの教科を教えているから、一見ばらばらに見える概念のつながりを説明することもできる。8年間にわたってたくさんの教科を教えるので、毎年同じ教材を焼き直して使うこともない。彼女の仕事は常に、新鮮で魅力的だ。

マルチ・ポテンシャライトのキャリア戦略は数々あるが、サラの学校のような、いくつもの分野にまたがる理想的な職場を探すのも、一つのやり方だ。時には、仲間がどこでご機嫌に過ごしているのか、それを見つけるだけでキャリアの構築ができてしまうかもしれない。

戦略③ 柔軟な組織で働く

グループハグ・キャリアを確立するもう一つの方法は、あなたのアイデアを大切にし、あなたの強みを活かしたいと考えてくれる、先見の明のある雇い主を見つけることだ。ほとんどの求人案内はいまだに専門分野別に出されているが（マルチ・ポテンシャライトにとっては、がっかりだけど）、わくわくするような変化も起こっている。才能豊かなゼネラリストの価値に気づく企業が、ますます増えているのだ。

理由の一つは、企業の状況が変わってきたこと。とくに中小企業や新興企業《スタートアップ》は、大企業に比べて考え方も組織も柔軟だ。中小企業の社員が「うちはそんなやり方はしない」という言葉を耳にすることは少ないだろう。それにスタートアップは、さまざまな責任を担える人材に頼る傾向がある。小さな役割一つ一つに、担当者を雇う予算もインフラもないからだ。もちろん、すべてのスタートアップがそうではないし、わりあい大きな企業でも、変わりつつある経済の最前線に立ち続けるために、クリエイティブな人材を求めているところは多い。

マルチ・ポテンシャライトに優しい企業かどうかを知りたい？　それなら、企業の販促資料やプロジェクトを調べたり、ＣＥＯを研究したり、求人案内の言葉に目を通すだけでも、何となくわかる。たとえば、「Threadless《スレッドレス》」という今人気のオンライン・アパレル企業がある。この会社の場合、世界中のアーティストがデザインを提案すると、オンラインコミュニティが人気投票を行う。人気の高いデザインは、Ｔシャツやタンクトップやパーカーにプリントされ、ウェブサイトで販売される。スレッドレスは遊び心のある社風で知られ、求人広告は「マルチ・ポテンシャライトがほしい！」と大声で叫んでいる。スレッドレスが最近、クリエイティブ・ディレクターの求人広告で求めていた人材は、次の通りだ。

●デザイナー、制作アーティスト、写真家、映像作家《ビデオグラファー》、コピーライターから成る、さまざまな分野にまたがるチームをまとめ、意欲を引き出せる人。
●商品戦略とビジョン（「商品の見た目や機能」だけでなく、「われわれは何を、なぜつくるべきか」）に貢献できる人。
●商品チーム、コミュニティチーム、マーケティングチーム、デジタルチーム、パートナーシップチームと緊密に連携し、商品のアイデア段階から発売（さらにはそれ以降）に至るまで、ユーザーの商品体験を監督できる人。
●安全地帯から進んで飛び出し、展示会のブース体験の企画、ビルのロゴマークの開発、限られた条件下での短い宣伝動画の制作など、新しいことを学ぶ意欲のある人。
●さまざまなプロジェクトやスケジュールをうまく調整し、物事をまとめる優れた手腕を持つ人。

「今すぐここで働きたい！」と思ったのではないだろうか？　このリストがはっきり示しているのは、この会社が求めている人材は、さまざまな部門で、大勢から成るいくつものチームと働けて、安全地帯の外へ出てチャレンジし、新たなスキルを学んでさまざまなプロジェクトをうまく調整できる人――だということ。わざわざ「さまざまな分野にまたがる」という言葉まで添えて、「会社の方向性に対するあなたのアイデアや意見が聞きたい」と表明している。わかりやすく言おう。スペシャリストがどう頑張っても、この役目を果たすことはできない。

戦略④　今の仕事を多面的なものに変える

そう、あなたの多才なところを理解し、高く評価してくれる組織で働くのは素晴らしいことだ。でも、あなたがすでに雇われていて、会社があなたの多彩なスキルを気にも留めていない様子だとしたら、どうすればいいのだろう？　職務明細書の枠を超えて働くことを、歓迎してくれる雇い主ばかりではない。でも、正しくアプローチすれば、納得してもらえる可能性はある。

マルチ・ポテンシャライトはたいてい、あるスキルを買われて企業に入る。そして、しばらく持ち場で働いて頭角を現してから、「もっと責任を与えてほしい」「ほかの仕事もしたい」と雇い主を説得していく。デジタルメディア・アーティストのマーゴ・ユーは最初、マルチメディアを使ったプレゼンテーションを編集するスタッフとして採用された。でも、会社で15年働くうちに、ほかの役割を数多く任されるようになった。会社のウェブサイトを管理し、初期デザインチームを率い、写真家とビデオグラファーのトップを務め、メディア処理の社内研修を行い、ビデオ編集者やコンテンツ管理者といったポジションの穴埋めもしてきた。これほど多くの仕事に携われるプラチナチケットを、どうやって手に入れたのだろう？

彼女は、ビジネスの隙間――ほったらかしにされたり、うまくいっていないこと――に目を向けて、解決策を提案したのだ。ウェブ開発を担当したい、と思ったときは「ウェブ上で強い存在感を示すことが、今後は重要になります」と上司に説明した（１９９０年代の話だ）。ビデオグラファーのトップになったのは、会社がウェブサイト用の動画撮影を始めたとき。マーゴには同僚たちにはない写真の経験があったので、さっと飛び込んでチームを仕切り、同僚に照明やカメラの基本技術を教えることができたのだ。

自分のさまざまな興味を仕事にスムーシングするのを許してもらう一番の方法は、自分が会社に提供できる価値を強調すること。自分のたぐいまれなる能力を売り込むのではなく、そのプロジェクトがどれほど会社のためになるかに重点を置く。あなたが提供できる最高の結末を描いて見せるのだ（そのためにどうしても必要なら、文章力でも、数学の力でも、アニメーションのスキルでも、タップダンスの技でも披露してしまおう！）。雇い主に近づいて、マーゴはこんなふうには言わなかった。「私、ＨＴＭＬを学ぶのにすごく興味があるんです。そ・れ・と。写真の経験もあるのよ。あっ、それからビデオの編集も人好きだから、私が担当していいかしら？」。そうではなくて、素敵なウェブサイトとプロ顔負けの動画をつくることが、会社の収益にとってどれほど重要か、それを淡々と説明したのだ。

ジェシー・ウォルドマンは小さな園芸店に採用され、小売店で働いていた。働きだして数週間がたった頃、オーナーのところへ行って、商品をオンラインで売る方法を教えた。個人的に好きな、ネット通販で学んだスキルを使って。すると、すぐさまオンラインショップの立ち上げを任された（そして、給料も上がった）。マーゴと同じで、ジェシーも「ぼく、オンラインショッピングにはとっても詳しいんですよ」などと不用意に漏らしたりはしなかった。その代わり、説明をした。オンラインショップがどれほど会社の利益に影響を及ぼすか、そして開店するのも維持するのもどれほど簡単なことかを。

自分のスキルを仕事に組み込みたいなら、そのスキルを使って会社を大きくしたり、経営を楽にしたりするプロジェクトを考えよう。そして、プロジェクトを売り込むときは、相手のメリットを強調すること。会社の利益、という視点で話すのだ。会社が大事にしていることは何だろう？　このプロジェクトは、どんな形で会社に価値をもたらすだろう？　と。

戦略⑤　起業する

職場で多くの役目を任せてくれる上司を持つ一番簡単な方法は、自分が自分の上司になること。起業家ほど多面的なキャリアは、そうそうないだろう。ビジネスを営むことは、商品開発、マーケティング、販売、心理学、ブランド戦略、顧客関係、内部組織、法律、財務に携わることだ。だからといって、すべての分野のエキスパートでないと起業できないわけではない（ほとんどの人は、やっていくうちにわかるようになる）。でも、学び、実験し、ありとあらゆることをほんの少し（あるいは、たくさん）担おうという猛烈な意欲は絶対に必要だ。とくに最初のうちは。

私が子どもの頃は、自分でビジネスを始めることが選択肢の一つだなんて、誰も教えてくれなかった。起業家とは何なのか、20代になるまで知りもしなかった。たぶんスーツ姿のビジネスマンのことだと思い込んでいて、パンクロックと内省にハマるうつ気味なティーンエイジャーは、興味すら抱かなかった。自分のバンドのライブの手配を始めたときも、アーティスト仲間のために1回数百ドルで（時にはハグとチョコチップクッキーで）ウェブサイトの制作を始めたときも、自分を起業家だなんて思いもしなかったけれど、私は起業家そのものだった。

「起業家」という言葉のせいで、やる気をなくしたりしないこと。一言でビジネスと言っても、いろいろな形がある。投資家から資金を集めるような大規模なビジネスもあれば、近所の家族経営のインド料理店や、オンラインでとがったミニコミ誌を売る団体、タロット占い、自家製石けんの販売など、実にさまざまだ。この章が終わる頃には、あなたもマルチ・ポテンシャライトの起業家に何ができるか、アイデアが浮かんでいるはずだ。そして何か一つ、ビジネスを始めたくなるだろう。場合によっては5つも6つも。

「ルネサンス・ビジネス」のすすめ

というわけで、起業家になるのが解決策のように思えるかもしれない。でも、マルチ・ポテンシャライトには、思わぬ足かせがある。幅広い分野でも「多様性が足りない」と感じる人がいるように、多面的な起業家の仕事でさえ「変化がなくて面白くない」と感じる人もいるのだ。

たしかに、そのビジネスがかなりニッチなものであれば、その通りかもしれない。たとえ料理が大好きでも、ケータリングの会社を何年も経営していたら、飽きてくるだろう。いくらソーシャルメディアのマネジメントが得意でも、来る日も来る日もクライアントとキャンペーンの仕事をしていたら、イライラが募って新しいことを探求したくなるだろう。ありがたいことに、もっと幅広いビジネスもある。そこでは日常的に、いろいろなテーマを行き来することができる。私はこうした企業を「ルネサンス・ビジネス」と呼んでいる。おそらく、実例で説明したほうがわかりやすいだろう。

マーク・パワーズは、昔ながらのドラム奏者ではない。多くのミュージシャンのように、ただ演奏とレッスンから収入を得るのでなく、それ以外の情熱――テクノロジー、人類学、慈善活動、講演、旅行――もスムーシングしてキャリアに組み込んだ。その結果生まれたビジネスのおかげで、クリエイティビティを表現する多くの場（と収入源）を手に入れた。マークは打楽器を対面で教えるだけでなく、スカイプを使ってオンラインレッスンもしている。

ビジネスが、自分の生活空間を超えて広がったことで、世界中の生徒に教えることができる。2011年には、ウガンダへ飛んで、若者の合唱団と村のミュージシャンたちのパフォーマンスを録音した。そうして生まれたアルバム『Amaloboozi』（ルガンダ語で「声」の意味）をウェブサイトで販売し、利益をその地域で人道支援を行っている団体に送っている。

マンツーマンのレッスンや国際的な慈善活動だけでは物足りなくて、マークは打楽器奏者や先生たちを対象にデジタル教材を作成し、販売している。執筆にも長い時間を費やし、最近『I Want to Be a Drummer!（仮邦題：ドラマーになりたい！）』という子ども向けの本を出版した。学校やコミュニティセンターや企業でワークショップを開催し、TEDx（訳者注：ＴＥＤの精神を受け継いで、世界各地で生まれたコミュニティ）のイベントの司会も務め、もちろん今も、多くのミュージシャンとライブ演奏を行っている。マルナ・ポテンシャライトでなければ、心の余裕をなくしそうなライフスタイルだが、マークはこれが気に入っている。ルネサンス・ビジネスのおかげで、豊かでダイナミックな人生を送り、自分を１００パーセント表現することで収入を得ている。

「マーケティング・フォー・ヒッピーズ」は、良心的で環境に配慮するホリスティックな中小企業を対象に、マーケティング研修を行っている。この会社も、ルネサンス・ビジネスのよい例だ。タッド・ハーグレイヴは心惹かれる２つのもの――社会的・政治的な活動とマーケティング――を組み合わせ、この素晴らしい会社をつくった。タッドの経歴を見てほしい。この仕事は彼にとって、まさに理想的な「グループハグ」ではないだろうか？

タッド・ハーグレイヴ：マーケティングの才能を磨いたヒッピー（あまりにかけ離れた世界だったため、その後またヒッピーに戻るすべを学ぶ必要があったが）。非営利の活動家の世界で何年も過ごしたのち、「自分はマーケティングおたくだ」と認め、ヒッピーのためのマーケティング・コーチに転身。おそらくヒッピー仲間が、環境に配慮した素晴らしいプロジェクトの宣伝に四苦八苦している姿を見かねてのことと思われる。また、本人が、生活のために9時~5時の仕事を続けられなかったためと思われる。

タッドは、良心的な起業家にマーケティングを教えるのにうってつけの人材だ。本人がどちらの分野も経験しているからだ。タッドなら、マーケティングの理論に興味を示さないヒッピーたちに、彼らの倫理にかなうわかりやすい説明をすることができる。タッドの多彩な経歴は「マーケティング・フォー・ヒッピーズ」を生み出しただけでなく、マーケティング研修を行う世界中の何千という企業の中で、タッドの存在を際立たせている。

では、ルネサンス・ビジネスの例をさらにいくつか挙げよう。

●Pielab《パイラブ》:アメリカ・アラバマ州グリーンズバラにある、カフェ兼コミュニティ・スペース。自転車の修理やケータリングビジネスの研修といった取り組みも行っている。キャッチフレーズは「パイ+会話=社会の変化」。

●Mothership HackerMoms《マザーシップ・ハッカーマムズ》:世界初の女性向けハッカースペース(訳者注:コンピューター技術に関わる人たちが自主的に運営する仕事のスペース)。カリフォルニア州バークレーにあり、子どもを持つ人たちが働き、創造し、連携する空間だけでなく、施設内での保育サービスも提供している。

●The《ザ》 Laundromat《ローンドロマット》 Café《カフェ》：デンマークのコペンハーゲンにある心地よいカフェ兼コインランドリー兼本屋。これとよく似たコインランドリーカフェが、最近アメリカ各地にでき始めている。

●Meshu《メシュー》：地理にひらめきを得た宝石会社。顧客は自分にとって意味の深い複数の場所をスタッフに伝えた上で注文をする。メシューのチームはその場所をつなぐラインを描き、その形を活かしたネックレスやイヤリング、カフスボタン、指輪をつくる。

●Abe《エイブ》 Cajudo《カフド》：「フルサービス・クリエイティブ・ヒューマン（ありとあらゆるサービスを行うクリエイティブな人間）」（abecajudo.com）というスローガンのもと、マルチメディアを使ったインパクトの強いストーリーテリングを行い、企業やブランドが注目を集める支援をしている。具体的には、ウェブ開発、グラフィックデザイン、ビデオ制作、キックスターター（訳者注：クリエイティブなプロジェクトへの出資を一般大衆から募る、アメリカのクラウドファンディングのウェブサイト）で資金を調達するためのコンサルティング、オンライン講座の創設などを行っている。

ルネサンス・ビジネスは、非常にニッチなものだと思われがちだ。でも、想像してみてほしい。ある人が、個人の資産管理やカウンセリングの経験、性的少数者の権利についての知識を活かして、同性婚カップルのお金の管理をサポートしているとしよう。このかなり特異なサービスをするのには、いくつもの分野や考え方を理解し、その間を行き来することが求められる。特異な分野だけれど、さまざまなことが含まれているのだ。

よく勘違いされるのは、いくつものテーマをスムーシングして一つのビジネスにまとめたら、焦点の定まらない、わけのわからないブランドが生まれるのではないか、ということ。でも、ルネサンス・ビジネスはとてつもないもうけを生む可能性がある上に、ユニークな哲学を打ち出すことで、熱狂的なコミュニティや顧客を惹きつける可能性もある。カギになるのは、テーマと売り物との関係を明確にすること。しっかりとしたビジネスにまとめ、ターゲットにわかりやすく伝えているなら、あなたは順調に歩を進めている。

スムーシングすべきか、せざるべきか、それが問題だ

起業するからといって、興味の対象をすべてビジネスに組み込む必要はない。さあ、目標を思い出そう。私たちは人生全体の中で、多様性を感じたいのだ。多様性は一つの多面的な仕事やビジネスで得ることもできるし、複数のビジネスや仕事や趣味を組み合わせて得ることもできる。次の章では、たくさんのビジネスを営んでいるマルチ・ポテンシャライトの起

業家をご紹介したいと思う。あなたも自分の情熱を組み合わせるか、ばらばらのままにしておくのか、決める必要がある。どちらのアプローチを選んでも構わない。個人の好みの問題だから。

仕事以外の場で、興味を探求すること

グループハグの仕事は一般的な仕事よりも多くの分野にまたがっているけれど、マルチ・ポテンシャライトの多くはやはり、仕事とは関係のない趣味を持っている。先ほど紹介したマーゴもボランティアで高校生に勉強を教えたり、写真に夢中になったりしている。私が話を聞いたときは、飛び出す絵本をつくったり、分解するのにハマっていた。サラも授業や授業の準備をしているとき以外は、庭の手入れや料理やヨガの稽古《けいこ》をしている。

情熱を感じるすべてが組み込まれたキャリアを見つけるのは難しいだろうが、お金をもらいながら情熱の多くを探求できる仕事が見つかったら、相当うれしいはずだ。とはいえ、「絶対にすべてを仕事に組み込まなくては」などと思うべきではない。すでに話したように、暇なときに、楽しみのためだけに興味やアクティビティを追求してもいいのだから。

【セルフチェック――グループハグ・アプローチが合うか、試してみる】

グループハグ・アプローチを詳しく見てきたので、あなたの興味がこの枠組みにどのようにはまるか考えよう。そろそろスムーシングして、キャリアのアイデアを生み出すときだ。紙とペンを持って、ブレインストーミングをしよう！

あなたの興味の「徹底的なリスト《マスター》」をつくろう

過去から現在までに興味を持ったもの、情熱を感じたもの、獲得したスキル、好奇心を覚えたものを、思いつく限りすべて書き出そう。自己規制はしないこと。今その活動をしていなくても、芽生えたばかりの興味でも、一過性に終わりそうなものでも構わない。こうしたエクササイズのときは、つい自分の実績を卑下しがちになるが、次のルールを守ってほしい。このエクササイズのどこかで、何かを盛り込むかどうか迷ったときは、とりあえず盛り込むこと。

リストを整理しよう

「失せた」興味――リストに載ってはいるが、近いうちにもう一度やりたいとは思わないもの――には×印をつけよう。リストの中の、今とくにわくわくを感じるものには、星印をつけよう。

興味のグループをつくろう

おそらくマスターリストの興味の中には、組み合わせればしっくりくるものもあるだろう。新しいページに、似通った興味をグループにまとめ、名前をつけよう。たとえば、ハイキングとサイクリングとキャンプは、「アウトドアの冒険」で一まとめにできるだろう。写真、スケッチ、版画、ギターは、「アート」あるいは「クリエイティブな表現」といった見出しでまとめられる。国際的な研究、旅行、社会的・政治的な活動は、「政治」か「社会正義」でまとめられそうだ。ぴったりな見出しが頭に浮かばなくても大丈夫。グループ名がいまいちでも、このエクササイズは役に立つだろう。

興味のグループを組み合わせよう

リスト上の多彩な興味と興味、グループとグループを組み合わせたら、何が見つかるだろう？　一見ばらばらな興味を組み合わせても構わない。とにかくつなげて、どんな独創的な（面白おかしい）キャリアのアイデアが浮かぶか見てみよう。人類学的経済学？　音楽生態学？　悪くないかも！

興味の交わるところに、既存の分野はあるか？

つなげたものを調べて、交わるところに既存の分野があるか確認しよう。たとえば、すでに話したように、人工知能は、心理学、哲学、テクノロジー、神経科学、コンピューター科学、数学、ロボット工学、パターン認識、機械学習、視覚認識といった分野が一つになったものだ。映画制作には、ストーリーテリング、文章を書くこと、写真撮影、デザイン、音楽、企画などが含まれる。生命倫理という分野は、健康、政治、法律、哲学が交わる場所にある。

各分野のどこに、ご機嫌なマルチ・ポテンシャライトがいるか？

各グループを調べて、その分野の中にいくつもの分野にまたがる専門分野がないか確認しよう。たとえば、機能服のデザインは、デザイン、アート、生物学、化学、工学《エンジニアリング》、社会科学を組み合わせたデザイン分野だ。特殊な目的にかなう服をつくるのが仕事だが、その目的は、身体障がい者のサポートから、宇宙飛行士の安全を守ることまでさまざまだ。

先見の明がある企業を探そう

あなたは社員を大切に扱い、多くの自由を与えていると評判の企業を知っているだろうか？　少し調べて、頭に浮かんだ企業はないだろうか？「クリエイティブ」「さまざまな分野にまたがる」「適応力がある」など、マルチ・ポテンシャライトに呼びかけている言葉がないか、目を光らせよう。

ルネサンス・ビジネスのアイデアを出そう

どんなビジネスなら、あなたの興味を組み込めるだろう？　たとえば、共働《コワーキング》スペースを兼ねたコーヒーショップ、精神・身体・環境の調和を大切にするホリスティック医療など。

ある分野の知識やスキルを、別の分野の顧客に提供できないか考えてみよう

自分のある分野のスキルがまったく別のグループに役立つことを知って、あなたは驚くかもしれない。次の空欄を埋めてみよう。

（興味その2の顧客）　　　〉に
〈　　　　　　〉を〈
（興味その1）
〈

私は、「歴史ファンのためのスキューバダイビング」「企業チーム向けの即興演劇《インプロ》クラス」など、このエクササイズから生まれるバカバカしい組み合わせが大好きだ。どちらのサービスも現実にあるというのだから、さらにうれしくなる。うまくいきそうもない組み合わせを思いついたときは、せっかくのアイデアを「ちょっとヘン」だからと即座に却下しないこと。ひょっとして、あなたの投資の知識は、NPOの役に立たないだろうか？　プログラミングの才能を活かして、音楽の先生が使うオンライン・スケジュール・アプリの開発ができないだろうか？

ここまでのアイデアをまとめよう

新しい紙に、このエクササイズのスムーシングから生まれたキャリアやビジネスのアイデアを、すべてリストにしておこう。

「意義」「お金」「多様性」は満たされているか？

思いついたキャリアのアイデアを、第3章のエクササイズの答えと突き合わせよう。一つ一つのキャリアについて、次の質問をしよう。

●このキャリアは、私の「なぜ」にマッチしているか？
●このキャリアが提供するサービスに、お金を払ってくれる人たちはいるか？
●このキャリアは私に十分な（でも、過度ではない）多様性を提供してくれるか？
●このキャリアは私の「完ぺきな1日」にマッチしているか？

言わずもがなだが、ある仕事の給料や、あるビジネスアイデアの採算性を予測するのは難しい。また、あるキャリアが「完ぺきな1日」になじまない気がしたり、「なぜ」と合わないように感じたりしても、すぐさま却下しないこと。実際にやってみたら、しっくりきて驚くかもしれない。それに、「完ぺきな1日」のイメージ自体が変わる可能性も大いにある。

己を知り計画を立てることと、経験して知ることとのギャップは、このあたりにあるのだ。机上のエクササイズでわかることには限りがあるから、そのキャリアが本当に自分にぴったりかどうかは、探求を始めてみないとわからない。リストのキャリアに強く惹かれるなら、さらに調べてみる価値はあるが、実験しながら、先ほどの4つの質問を心に留めておくこと。そして、さらに情報を得て、正確に答えられる状態になったら、もう一度質問に戻ろう。

行動を起こそう

グループハグ・キャリアを追求することにわくわくするなら、スタートを切るために、今週実行できる1～3個の小さな行動ステップを決めよう。どんなステップにするかは人それぞれだし、あなたの状況やアイデアの性質によるけれど、いくつか例を挙げてみよう。

●あなたが特定した、複数の分野にまたがる分野や専門分野のどれかで働いている人に連絡し、質問に快く答えてくれるかどうかを確認する。
●あなたが見つけたマルチ・ポテンシャライトに優しい企業に送る、カバーレター（訳者注：履歴書に添える手紙。志望動機や自己PRなどを記述する）を書き始める。
●あなたのルネサンス・ビジネスのアイデアのどれかについて、市場調査をする。この商品やサービスを買ってくれる人たちはいるだろうか？

グループハグ・アプローチのキーポイント

グループハグ・アプローチを取ると、「お金」と「意義」と「多様性」のニーズを、一つのキャリアの中で満たすことができる。この章で話した内容のキーポイントは、次の通りだ。

・グループハグ・アプローチとは、一つの多面的な仕事またはビジネスに携わることで、職場で多くの役割を担い、いくつもの分野を行き来できること。
・次のような戦略を取れば、グループハグ・キャリアを見つけたり、生み出したりすることができる——もともと複数の分野にまたがっている分野で働く、ある分野の中で多面的な専門分野を探す、先見の明のある組織で働く、積極的に動いて限定的な仕事を多面的なものに変える、起業する。
・都市計画や人工知能のような複数の分野にまたがる分野では、多くの分野や物の見方を理解することが求められる。マルチ・ポテンシャライトは、こうした分野に惹きつけられ、そこで成功することが多い。
・狭い分野の中に、マルチ・ポテンシャライトが魅力を感じる、複数の分野にまたがる専門分野が存在することも多い。

・組織によっては、マルチ・ポテンシャライトで構成され、さらにゼネラリストをチームに加えようと、積極的に探しているところもある。求人案内に注意を払い、「クリエイティブ」「さまざまな分野にまたがる」「適応能力がある」などの言葉を探そう。

・マルチ・ポテンシャライトが、単独のスキルを買われて企業に入ることもある。その場合は、優秀な仕事ぶりでまず雇い主の信頼を得てから、さらに責任を与えてほしいと説得をする。自分が提案しているプロジェクトが会社にもたらす価値を強調し、説得すると効果的だ。

・起業は、もともとマルチ・ポテンシャライトに向いている。ビジネスを営むことは、商品開発、販売、マーケティング、デザインなど、多くの側面を持つからだ。

・ただし、起業がマルチ・ポテンシャライトに十分な多様性を提供してくれるとは限らない。とくに、ビジネスがニッチなものである場合は。だから、一つのビジネスに多くのテーマが組み込まれた「ルネサンス・ビジネス」の立ち上げを選ぶ人たちもいる。

第5章

スラッシュ・アプローチ

パートタイムの仕事やビジネスを掛け持ちし、精力的にその間を飛び回る

モーガン・シームは、三重生活を送っている。週に10時間は、「思いやり財団（Human Kindness Foundation）」というNPOで働き、瞑想やマインドフルネスの本をリクエストしてきた囚人に送っている。そして週に2日は、フリーランスでマーケティングの仕事をする。以前は広告会社に勤めていたが、数年前にフリーになったのだ。また、空中演技《エアリアル》のパフォーマーでもあるから、時々パフォーマンスの仕事も入る。[9] てんでばらばらな3つの収入源

注9　空中演技《エアリアル》になじみがないなら、天井から吊るされたシルクの布によじ登ったり、宙返りしたり、クルクル回転する人を想像しよう！

を持つモーガンは、ＮＰＯの職員／フリーランスのマーケター／パフォーマーだ。そう、肩書きにスラッシュ（／）が入っている。

「スラッシュ・アプローチ」は、「ポートフォリオ・キャリア」とも呼ばれる。パートタイムの仕事やビジネスをいくつか掛け持ちし、その間を日常的に飛び回っていることをいう。

グループハグ・ワークモデルは、さまざまな情熱が一つの事業の中に組み込まれているが、スラッシュ・ワークモデルの場合、それぞれの情熱はつながり合わず、ばらばらである。ツアーガイド／ヨガの先生／プログラマー／テキスタイル・アーティスト、あるいは、講師／弁護士／振付師、といった具合に。

　このワークモデルを採用しているマルチ・ポテンシャライトは、たいてい２～５個の仕事を掛け持ちしている。それぞれの仕事から得られる「お金」と「意義」の大きさは異なるが、全体としてバランスが取れている。「多様性」のニーズは、複数の分野にまたがる分野で働くことではなく（時にはそうした分野で働いている場合もあるが）、毛色の違う仕事を行き来することで満たされている。

スラッシュ・キャリアは「自ら選びにいく」もの

第3章で、マルチ・ポテンシャライトな個性に合うキャリアを築きつつ、生きるための収入を確保する大切さについて話をした。とくに経済が変化しつつある今の世の中では、マルチ・ポテンシャライトもそうでない人も、生活のためにパートタイムの仕事をいくつも掛け持ちしていたりする。ほとんどの場合、稼げる働き方を模索してのとりあえずの行動だが、一見、スラッシュ・キャリアそっくりに見える！

本書の目的は、ぎりぎり食いつなげるようなキャリアを築いてもらうことではない。幸せなマルチ・ポテンシャライトの3つの要素、「お金」「多様性」「意義」を思い出してほしい。スラッシュ・キャリアは本来、意図して選ぶものだ。もちろん、どんな仕事を選ぶにしても、お金がほしくて働くのだけれど、幸せなスラッシュ型キャリアリストは、必要に迫られてこのワークモデルを選ぶのではない。作家兼起業家のペネロペ・トランクはこう説明する。

「ポートフォリオ・キャリアとは、割に合わない3つの仕事をしながら、『これからどうしよう?』と考えているのとは違います。むしろ意図的に、前向きに、計画を遂行しているのです。これは、経済的な目標と個人的な目標を、同時にかなえる手段なんですよ」

私たちは多くの場合、(経済的な理由だけでなく)メンタルや感情の問題を経験して、スラッシュ・アプローチに至る。モーガンは、フルタイムの仕事で燃え尽きそうになって、スラッシュ・ワークモデルを選んだ。以前の仕事を楽しんではいたけれど、長時間労働が心の健康をむしばみ始めたのだ。フルタイムの仕事を辞めて、いくつかのパートタイムの仕事に切り替えたおかげで、ストレスが減っただけでなく、ずっと求めていた目的意識や自由や多様性を手にすることができた。

自営業者は、スラッシュ・キャリアに向いている?

精力的なスラッシュ・アプローチを調査していくと、パートタイムの仕事をいくつも掛け持ちするマルチ・ポテンシャライトや、いくつかのビジネスを営むマルチ・ポテンシャライト、複数の表現手段を持つアーティスト、それらをさまざまに組み合わせた形で働く人たちに出会う。スラッシュ型キャリアリストは、雇われの身でありながら自営業者でもある場合が多い。そう、収入のシステムも一つではないし、仕事の中身もさまざまなのだ。わかりやすく表現するために、私は、会社の仕事も、自分で営むビジネスも、フリーランスの仕事も、その他プロジェクトも、収入源はすべて「スラッシュ」と呼んでいる。[10]

スラッシュ・アプローチはどんな人に向いている？

あなたは、毛色の違ういくつかのテーマを頻繁に行き来すると、最高の仕事ができるタイプだろうか？　専門的な、もしくはニッチなテーマにわくわくするけれど、それをフルタイムでやると考えただけで、息が詰まるタイプ？　自分のいくつもの情熱やスキルを組み合わ

注10　「スラッシュ」という言葉をこのように使うのは、文法的に正しくないことをここで白状しておく。スラッシュは2つの言葉の間の斜線であって、言葉そのものではない。でも、スラッシュ・キャリアを構成する収入源を「スラッシュ」と呼んだほうが、ずっとわかりやすい。作家のマーシー・アルボアーが素晴らしい著書、『One Person / Multiple Careers（仮邦題：複数のキャリアを持つ人）』の中で使い始めた言葉を、本書でも採用している。（うちの妻を含め）文法おたくの方々にはおわび申し上げる。おっしゃる通りです！

せたプロジェクトを一企業のために提供するの[11]には、関心がない？　今の問いのどれかに「はい」「その通り」「ビンゴ！」と答えた人は、いずれスラッシュ・キャリアの道を選ぶことになるかもしれない。このワークモデルは、よくも悪くもとにかく融通がきく。自発的で、独立心や起業家精神に富む人には、よい選択肢だ。

第1章31ページの「同時――順次」直線を覚えているだろうか？　同時に百万個のプロジェクトを動かしたい人もいれば、一度に取り組むことはもっと少ないほうがいい、という人もいる。スラッシュ型キャリアリストなら、日常的にさまざまな収入源のバランスを取り、うまくやりくりしなくてはならない。だから、「同時――順次」直線で「同時」寄りの人は、スラッシングがぴったりかもしれない。でも、筋金入りの「順次」タイプなら、心の余裕を失ってしまうだろう。

パートタイムこそ「夢の仕事」である

週に何時間かずつ違う仕事やプロジェクトに携われば、楽しくて、融通がきいて、多様性に満ちた1週間が過ごせるだろう。典型的なフルタイムの仕事に就いたことがある人なら、おわかりだろう。あの世界で、そんな働き方をするのは難しい。マルチ・ポテンシャライトの中には、どんなことでも、フルタイムでするなんて考えられない、という人もいる。それでいいのだ！　モーガンに、パートタイムの仕事を3つ掛け持ちする、という選択について尋ねると、スラッシュ型キャリアリストならではの、こんな気持ちを表現してくれた――どのスラッシュも心底楽しいけれど、そのどれにもフルタイムでしばられたくない。

「どの仕事もパートタイムであることに満足してるわ。どれも手放したくないから。たとえば、『思いやり財団』の仕事は、私にとってとても大切だから、週に10時間が申し分のない長さなの」

パートタイムの仕事はフルタイムで雇用されるより格下だ、と考える人たちもいるが、スラッシュ型キャリアリストにとっては、パートタイム＋パートタイム＋パートタイム±パートタイム＝夢、なのである。

それぞれのスラッシュが、違う自分を満たしてくれる

みなさん、私たちはみんな――スペシャリストでさえ――多くの面を持っている。スラッ

注11　第4章で取り上げた、「グループハグ」の仕事や「ルネサンス・ビジネス」がそれだ。

シュ・キャリアを選べば、それぞれのスラッシュのために別のスキルを使い、自分の別の顔を引き出せる。エイミー・エンは週に2日、広告会社でクリエイティブ・リーダーとして働いている。また週1で、地元の大学でクリエイティビティと起業家精神について教えている。3つめのスラッシュは、オンラインコミュニティ「ピカランド」の運営だ。そこでブログを書き、セミナーを指導し、ピカランドの支持者であるアーティストやイラストレーター向けの雑誌をつくっている。[12]

広告会社の仕事は、スピーディな環境でチームと協力して働く機会をくれる。大学講師の仕事は、社会に貢献していると実感できるし、パソコンの前に座っていたのでは得られない、身体を使った社会的な経験ができるから、気に入っている。そしてピカランドは、クリエイティブに自分自身を表現できる素晴らしい場所だ。地球規模で人々にひらめきを与えられるし、起業家兼アーティストとしてのスキルを活かせる。スラッシュ・キャリアのそれぞれのスラッシュは、まったく違う経験をくれる。求められるスキルも違うし、それぞれの形で意欲をかき立ててくれる。

スラッシュ・キャリアを歩めば、退屈とはおサラバ！

マルチ・ポテンシャライトは、自然と複数の分野にまたがる分野に惹かれるものだが、時には、ロミオとジュリエットではないけれど、専門的なテーマに心を奪われることもある。そんなときは「新しい分野をプロとして掘り下げるチャンスだ」と思いたくなるし、「ニッチな市場に参入して、経済的に豊かになれるかも」と期待するかもしれない。でもできれば己をよく知っていたいものだ。私たちが幅の狭い分野に夢中になってしまうと、わが身を危険にさらすことになる。燃え尽きてしまうか――下手をすると――退屈してしまうから。

シオドア・ジョーダンは、この問題に対処するために、いくつかの専門的な仕事を軸に、キャリアを設計した。彼のパートタイム・プロジェクトはどれも、極めて「ニッチ」なもの。シオドアのスラッシュをご紹介しよう。

●サウンドとサウンドウェアのデザイナー

シオドアは、ミュージックシーケンサー（訳者注：自動演奏のための装置やソフトウェア）のサンプルとして使われるサウンドをつくっている。また、超常現象や幽霊を扱うテレビ番組のサウンドトラックも作成している。彼がこの仕事を説明する様子は、羽目を外して

注12　一見、広告会社の仕事が、エイミーのほかのプロジェクトに資金を提供しているように見える。でも実は、ピカランドの収入で楽々生計が立てられるそうだ。

はしゃぐイカレた科学者《マッド・サイエンティスト》のようだ。たとえば、「最近、水たまりの中でマイクを凍らせて、その上をスケートで滑る音を録音したんだ」などと言う。そう、子どもたち、こんなことがお金になるのよ。

●ライター／自費出版者

右のスラッシュで培った専門知識を活かして、シオドアは、インディーズ系サウンドウェア企業の経営にまつわる本を書いた。今はその本を改訂し、第2版を刊行しようとしている。

●保険関係のウェブサイト・デザイナー

シオドアは、保険会社のウェブサイトのデザインでも、頼りになる存在だ。私が話を聞いたときは、3社のウェブサイトをつくっていた。自分のクリエイティビティを活かして、業界の標準よりほんの少し面白いものをつくるのが好きだ。

●ネットショッピング・ブロガー

本当の話！　シオドアは自称「ネットショッピングおたく」で、ネットショッピングにまつわるブログを書いている。これは買い物への情熱を表現する場であり、収入源でもある。

●誘導瞑想プログラムの開発者

誘導瞑想プログラムを、スマホやパソコンで聴く人のために開発し、録音している。サウンドデザインとマインドフルネスへの興味を組み合わせるすべを見つけたのだ。

そう、たしかにたくさんのスラッシュだ[13]！　でも、シオドアが5つのスラッシュを掛け持ちし、そのどれもがかなり専門的なのは、偶然ではない。スラッシュの扱う範囲が狭ければ狭いほど、私たちは「多様性」のニーズを満たそうと多くのスラッシュを求める。複数の分野にまたがる分野に興味を持てば、一つの仕事かビジネスで、多様性のニーズは満たされるのだが。マルチ・ポテンシャライトは狭い市場でも生き延びられるし、実際生き延びている。ただし、最高の仕事を長期にわたって続けたいなら、たくさんの狭い市場に携わる必要があるだろう。

注13　その上、シオドアには妻がいて、2人の小さな子どもたちの父親でもある。生産性を上げるための戦略を尋ねると、「毎朝5時起きして、家族が起きる前に集中的に働く時間を4時間確保している」と答えた。覚えているだろうか？　マルチ・ポテンシャライトは怠け者とはほど遠い、と話したことを。

いつでも自由で融通がきく

以前、ロサンゼルスに住む友達に、スラッシュ・キャリアについて話をすると、彼女は物知り顔で言った。「あら、それって、ここでみんなが生活のためにしていることじゃないの」。もちろん、「みんな」ではない。ロサンゼルス在住で、定職に就いている人はたくさんいる。でも、彼女のコメントは2つの大事な事実に触れている。

⑴スラッシングは、彼女のようなアーティストが生計を立てる、一般的な手段だ。⑵ロサンゼルスには、アーティストの卵がたくさんいる。パートタイムの仕事は融通がきくので、急なライブに出演したり、オーディションを受けたり、クリエイティブなプロジェクトへの参加を表明したりしやすい。スラッシュ・アプローチを取る誰もがアーティストではないし、アーティスト全員がスラッシュ・アプローチを取るわけでもないが、スラッシュとアーティストはとても相性がいい。

アーティストがスラッシュ・ワークモデルに魅力を感じるもう一つの理由は、芸術系の仕事がほかの業界の仕事より、確立するまでに時間がかかること。スラッシングなら、アーティストとしてのキャリアが軌道に乗るまで、稼ぎのいいほかの仕事に頼れる。

自己管理のメリットとデメリット

スラッシュ・キャリアで成功し続けるには、自発的で自立心がないといけない。自分でスケジュール管理をする必要があるし、世の中のみんなが行く道を進んで外れ、自分で定めた基準やスケジュールを忠実に守らなくてはならない。あなたが自由に行動したいタイプで、時間のやりくりも得意なら、スラッシングがぴったりかもしれない。でも、いつ何をすべきか指示されたほうがうまくいくなら、別のワークモデルのほうが向いているだろう。スラッシュ型キャリアリストは、従来型の雇用を嫌がり、権威を嫌うことも多い。

スラッシュ・キャリアに飛び込む方法

マルチ・ポテンシャライトをスラッシュ・キャリアへ導く、３つの道がある。

方法① フルタイムの仕事のフリーランス版になる

マルチ・ポテンシャライトの中には、フルタイムの仕事に就いてから「もっと仕事や時間を自分で管理したい」と気づいて、スラッシュ・キャリアに移る人もいる。だから最初のスラッシュが、フルタイムでしていた仕事のフリーランス版だった、という人は多い。そしてお財布と魂が満たされるまで、スラッシュを増やしていく。モーガンも広告会社を辞めて、一握りのクライアントのためにフリーランスでマーケティングの仕事を始めた。前の仕事でできたつながりを活かして最初のクライアントを見つけ、そこから仕事を広げていった。

方法② パートタイムの仕事からチャンスを広げる

誰かが才能に気づいて、あるスキルに報酬をくれたことが、思いがけない、憧れのスラッシュ・キャリアへのスタートになるかもしれない。ベセル・ネイサンが今や賞を取るほどの結婚式の司式者になれたのも、そんな成り行きからだ。ベセルがパブリック・スピーキングをかじっているのを知っていた兄から、「結婚式の司式者をしてくれないか?」と頼まれたのがきっかけだった。それから間もなく、2人の親友からそれぞれの結婚式の進行を任された。ベセルはこの役目がとても気に入ったし、参列者からも絶賛された。そこで、慎重に検討し、よく調べてから、仕事としてやっていくことに決めた。数年後、さらに2つのビジネス——コンサルティング会社とマイクロ出版社——を立ち上げ、スラッシュ・キャリアを完成させた。

方法③ まず飛び込んで、やりながらバランスを取る

中には、適当にさまざまな仕事を引き受けてスラッシュ・キャリアをスタートさせ、その

あと仕事を整理していく人もいる。その際の基準は、次の通りだ。

●どのスラッシュが楽しいか。
●どのスラッシュが一番稼げるか。
●どんなチャンスを提供してくれるか。

アンディ・モートがスラッシングに足を踏み入れたのは、仲間が、生まれたばかりの子どもの世話にあたふたしていたときだった。

「ぼくのスラッシュ・キャリアは、友達夫婦に赤ん坊が生まれたときに、たまたま始まったんだ。一人は医者で、もう一人は牧師を目指して勉強中、というカップルだった。そこに初めての子育て、というフルタイムの仕事が加わったものだから、2人はとても苦労してた。家事をやる時間がなくて困っていたから、ある日、『ぼくが食事の宅配サービスをすればいいよね』なんて冗談を言い合った。すると間もなく、『週に8時間、家事をしてくれない？』とメールが届いたんだ。考えたこともなかったけど、完ぺきなオファーだと思ったよ。ぼくには仕事が必要だけど、昔ながらの会社勤めには興味がないし、友達夫婦にはお手伝いさんが必要。どちらにとってもいい話だったんだ。

ぼくの仕事はあっという間にクチコミで広まって、気がつけば週に5〜6軒の掃除を引き受けてた。庭仕事を手伝ったり、家具をつくったり、力仕事を請け負ったりもしたよ。最初の数ヵ月は、不思議な気分だった。どの日にどこで働くのか、ちょこちょこ変えていい上に、余裕を持って暮らせるだけのお金が入ってくるようになったんだもの。

この仕事は、ぼくを本当に自由にしてくれた。一生やり続けたい仕事でなくても、誠実な気持ちで取り組めた。必要に迫られて働いてるぼくを、たくさんの『クライアントさん』が支えてくれたんだから。おかげでお金の心配をせずに、音楽に打ち込む時間も融通も手に入れられた」


アンディがスラッシュ・キャリアを始めて4年になるが、その間に仕事を4つのスラッシュに絞り込んだ（一つは音楽。今は5枚目のアルバムをレコーディング中だ）。もう家事は引き受けていないけれど、当時経験したこと、自分をよく知れたことが、今日の彼をつくっている。たまたま始めたことだったが、スラッシュ・アプローチはアンディに向いていた。序列のある組織で働くのは性に合わないし、自由で融通がきくことを大事にしているし、新しい経験にも前向きだから。アンディのエピソードは教えてくれる。スラッシュ・アプローチには、アーティストとしてのキャリアが花開くのを支える力があると。

複数のビジネスを営む

前の章では、マルチ・ポテンシャライトが、（ルネサンス・ビジネスと呼ばれる）単一の幅広いビジネスに多様性を見出す場合がある、という話をした。多様性のニーズを満たすもう一つの方法は、専門的なサービスを提供する幅の狭いビジネスをいくつか営むことだ。シャナ・マンは、まったく違う３つのビジネスを行っている。

1. 書籍販売――地元の書籍のセールで本を探して、オンラインで販売する。
2. コーチング――中小企業のオーナーを対象に、システム化や管理のサポートをする。
3. コンテンツの作成――テクノロジー系ウェブサイトのために、検索エンジン最適化についての記事を作成する。

この章に登場したほかのマルチ・ポテンシャライトと同じで、シャナのスラッシュが生み出す「意義」と「お金」の大きさも、スラッシュごとに違う。書籍販売ビジネスは、収入の大半を稼ぎ出し、宝探しが好きなシャナの心をくすぐる。コンテンツ作成ビジネスは、システム化を進めて執筆の多くを外注しているので、手間のかからない収入源になっている。コーチングのビジネスは、収入源としては最も不安定だ。顧客の多い月、少ない月があるからだ。それでもシャナは、マンツーマンで起業家の相談に乗り、ビジネスに秩序や持続可能性を見出すサポートをするのが好きだ。とても有意義な仕事だから、収入が不安定でも気にならない。ほかの2つのビジネスがかなり安定しているからだ。

【セルフチェック――スラッシュ・アプローチが合うか、試してみる】

スラッシュ・アプローチの感触がつかめてきたところで、いくつかの情熱を同時に追求したら、あなたの仕事人生がどのようになるか、考えてみよう。そろそろ紙とペンを用意してスラッシュを書き出し、組み合わせてみよう。

興味のマスターリストをつくろう

（第4章ですでにつくったなら、もう一度つくる必要はない。そのマスターリストを取り出して、次のページの「リストをさらに整理しよう」のセクションへ移ろう）

過去から現在までに興味を持ったもの、情熱を感じたもの、獲得したスキル、好奇心を覚えたものを、思いつく限りすべて書き出そう。自己規制はしないこと。今その活動をしていなくても、芽生えたばかりの興味でも、一過性に終わりそうなものでも構わない。こうしたエクササイズのときは、つい自分の実績を卑下しがちになるが、次のルールを守ってほしい。このエクササイズのどこかで、何かを盛り込むかどうか迷ったときは、とりあえず盛り込むこと。

リストを整理しよう

「失せた」興味――リストに載ってはいるが、近いうちにもう一度やりたいとは思わないもの――には×印をつけよう。リストの中の、今とくにわくわくを感じるものには、星印をつけよう。

リストをさらに整理しよう

マスターリストを見て、次のものにアンダーラインを引こう。

● 過去に報酬をもらったことがあるもの。

●平均以上の専門知識やスキルを持っているもの。
●稼げるとわかっているもの。

「スラッシュ／収入源」の候補リストをつくろう

新しい紙に、星印やアンダーラインをつけた興味を書き出し、それぞれの下には十分な余白を取ること。余白に、魅力的なスラッシュ／収入源のリストをつくろう。たとえば、パートタイムの仕事、提供できるサービス、つくれそうな商品、浮かんだプロジェクトのアイデアなどを書くのだ。おそらく、次のページの手書きのリストのようになるだろう。

「難しそう」「現実的ではない」などと感じるスラッシュも、遠慮なくリストに入れること。頭の中のアイデアをすべて、書き出すことが大切なのだ。心の声がぶつぶつ批判しだしたら、「邪魔するな」と黙らせてしまおう。

そのスラッシュは、あなたの「なぜ」にマッチしているか?

書き出したスラッシュの一つ一つを、第3章で明らかにした「なぜ」と突き合わせよう。それぞれのスラッシュは、あなたの「なぜ」にマッチしているか? あるいは、そ

◆ファッション

――オーダーメイド
――衣装デザイナー
――フリーランスのファッション・ジャーナリスト
――オンラインのアパレル企業を始める

◆教育

――臨時教員
――組織向けのセミナーを開く
――カリキュラムの開発者
――数学の家庭教師
――博物館・美術館のガイド

◆フィクションの執筆

――ファンタジー小説の出版（もしくは自費出版）
――ライティングのコーチ
――ライティング・セミナーの指導
――小さな出版社を立ち上げる
――毎月、物語を書くイベントを企画する

◆心理学

――カウンセラー
――メンタルヘルスにまつわる体験記を書く
――自尊心を高めるサポートをするアプリをつくる

◆園芸

――造園ビジネス
――樹医
――コミュニティ農園を始める

のスラッシュを検討すれば、新たな「なぜ」が生まれるだろうか？

スラッシュをまとめてみよう

新しい紙に、わくわくを感じるスラッシュを2〜5個書き出し、一まとめにするとどんな感じか検討しよう。たとえば、次のように自問してみてほしい。

●これらのスラッシュは互いに異なっていて、それぞれのスラッシュが人生にユニークな何かを足してくれる？

●これらのスラッシュは私に、十分な（でも、過度ではない）多様性を提供してくれる？

●これらのスラッシュを組み合わせると、経済的な目標にかなう収入を確保できる？

●このスラッシュの組み合わせは、第3章87ページで考えた私の「完ぺきな1日」にマッチしている？

今はこうした問いに、正確には答えられないかもしれない。夢のスラッシュ・キャリアを、現実的で豊かなスラッシュ・キャリアに変えるには、たくさんの実験が必要だ。

そのスラッシュの組み合わせが、あなたの求める「お金」と「意義」と「多様性」を提供してくれるかどうかは、試してみないとわからないからだ。それでも、正しい方向に進むために、自分自身や自分の目標について知っていることを活かさない手はない。あとで軌道修正できるのだから。

別の組み合わせも試し続けよう

スラッシュの別の組み合わせをいくつもつくって、前のページの４つの問いを自分に投げかけよう。

行動を起こそう

スラッシュ・キャリアを追求することにわくわくするなら、スタートを切るために、今週実行できる３つの小さな行動ステップを決めよう。どんな行動ステップにするかは状況やスラッシュの性質によるが、いくつか例を挙げてみよう。

●自分のネットワーク（友達、家族、先生、同僚など）の中で、あるスラッシュを始めるのに役立つ手がかりやつながりを持っていそうな人たちに、連絡を取る。

●あるビジネスアイデアが市場で受け入れられるかをリサーチする。この商品／サービスに対するニーズはあるか？　ターゲットは誰なのか？

●検討中のスラッシュに携わっている誰かにメールを送り、質問に快く答えてくれるかどうかを確認する。

スラッシュ・アプローチのキーポイント

スラッシュ・ワークモデルを選べば、自分のさまざまな個性を頻繁に表現し、次々と発揮していける。一度にたくさんのプロジェクトをやりくりするのが好きなマルチ・ポテンシャライトには、よい選択肢だ。この章のキーポイントは、次の通りだ。

・スラッシュ・アプローチとは、パートタイムの仕事やビジネスをいくつか掛け持ちし、その間を日常的に飛び回っていること。

・パートタイムは夢の仕事だ。どのスラッシュも好きだけれど、どれもフルタイムではやりたくないから。

・どのスラッシュも、人生に特別なものをくれるし、それぞれに違う形で意欲をかき立ててくれる。
・スラッシングなら、燃え尽きたり退屈したりせずに、専門的な分野で働いたり、ニッチな市場に参入したりできる。
・スラッシュ・ワークモデルは、フルタイムの雇用に比べて、スケジュールで融通がききやすい。そのため、多くのアーティストと相性がよい。
・スラッシュ型キャリアリストは、たいてい自発的で、独立心や起業家精神に富んでいる。
・マルチ・ポテンシャライトは、次のような形でスラッシュ・キャリアに入ることが多い。⑴フルタイムでしていた仕事のパートタイム版に移る。⑵最初のスラッシュとなるパートタイムのチャンスを受け入れる。⑶たくさんのスラッシュに飛び込んで、のちに整理していく。

第6章

アインシュタイン・アプローチ

安定した「ほどよい仕事」をしながら、情熱を注げる取り組みをほかに持つ

1900年代初頭の10年間ほど、アルベルト・アインシュタインはスイス特許庁の職員として働いていた。本業を持ちながらも、特殊相対性理論をはじめ最も有名な仕事のいくつかを、この時期に成し遂げている。アインシュタインはフルタイムの仕事をしながら、どうやって理論を構築する時間を持てたのだろう?

もちろん、アインシュタインが天才だったのは周知の通りだが、彼が「個人的なプロジェクト」（世界を変える科学的な取り組み）を追求できたのは、実は優れた知性とはほとんど関係がない。選んだワークモデルがよかったのだ。特許庁の仕事が雇用の保障と経済的な安定をくれた上に、特許庁の職員はのろのろ働くことで有名だったから、1日の終わりに、理

論に取り組む十分な時間とエネルギーが残っていた。さらにありがたいことに、毎日職場で新たな発明品について学ぶこともできた。アインシュタインは、「ほどよい仕事」を持っていたのだ（この言葉は、バーバラ・シェアの著書『Refuse to Choose!』からお借りしている[14]）。

「アインシュタイン・アプローチ」とは、生活を支えるのに十分な収入を生み出し、ほかの情熱を追求する時間とエネルギーも残してくれる、フルタイムの仕事かビジネスに携わること。要するに、アインシュタイン・ワークモデルを選べば、あらゆるものになれるが、そのすべてで稼ぐ必要はない。もうけになりにくい分野を（気楽に）追求したい人には、よい選択である。

注14　アルベルト・アインシュタインが真の博学者《ポリマス》だったのか、ただの天才だったのかについては、議論が分かれる（「ただの天才」だなんて、おかしな言い方だけど）。彼はかつてこんな発言をしている。「私に特別な才能などない。ただ猛烈に好奇心が強いだけ」。科学だけでなく音楽も大好きで、バイオリンを弾いていた。天才だったのかマルチ・ポテンシャライトだったのかはわからないが、彼の生き方は教えてくれる。仕事をうまく組み立てれば、情熱を覚える多くのことができる、と。

「ほどよい仕事」が自由をもたらす

アインシュタイン・アプローチは、万人向けではない。私たちの中には、マルチ・ポテンシャライトであることを、夜と週末限定にするなんてとんでもない、と考える人もいる。夢中になれないことに週40時間も費やすくらいなら、飢え死にしたほうがマシ、というわけだ。それでも多くの人にとって、アインシュタイン・アプローチがくれるのは、自由な気分にほかならない。興味の対象からもれなく収入を得なくては、というプレッシャーから解放されて、何の心配もなく好きなことを探求できる。分野から分野へ、プロジェクトからプロジェクトへ、思いつきから思いつきへとジャンプできるのだ。何のおとがめも、財布への打撃もなく、好き勝手に何かを足したり減らしたりできる。

アインシュタイン・アプローチに心惹かれるかどうかは、融通性より安定性を重んじているかどうかだ。第5章に登場したスラッシュ型キャリアリストのほとんどは、融通がきくことと主体的に動けることを重視していた。多くの人が、「合わないから」と従来型の仕事を辞めていた。一方、幸せなアインシュタイナーは安定を重んじる。職場のシステムや日課、仲間意識といったものを好む傾向がある。彼らは世間に受け入れてほしくてこの働き方を選んでいるわけではないが、アインシュタイン・ワークモデルは、肩書きがわかりやすい分、世の中から理解されやすい。アインシュタイン・アプローチを取るマルチ・ポテンシャライトがパーティで自己紹介しても、相手が戸惑うことはない。世間一般の人との違いは、生計の立て方ではなく、多彩な趣味と情熱にある。

チャーリー・ハーパーは、ITマネジャーとして週に5日、8時30分～17時30分までオフィスにいる。夕方オフィスを出ると、3人の子どもと夕食を取るために、まっすぐ家に帰る日もある。夕食の準備は妻と交代なので、週に何日か、自由に過ごせる夜もある。そんな日はミュージカルやアカペラの稽古に向かう。チャーリーの場合、芸術に夢中なだけでなく、大工の腕もプロ級だ。父親と一緒に家を建てたこともあるし、たくさんの家具もつくってきた。私が取材したときは、ボートを完成させたばかりだった。

ITマネジャーの仕事のおかげで、昔から好きなテクノロジーにも触れていられる。自分の興味やスキルをすべて仕事に組み込めているわけではないが、テクノロジー分野では、さまざまな仕事ができている。「電源が入っているものは、何だってぼくの対応範囲だ。ぼくの仕事は、会社のあらゆる面に関係してるよ。コンピューターはうちの業務に欠かせないからね」とチャーリー。また、職場での学びのチャンスを活かし、マルチ・ポテンシャライトのスーパーパワーを磨いている。「今、夢中になっているのはセキュリティ。デスクにはハッキングに関する本がうずたかく積まれてるし、セキュリティ認証に関する記事も山ほど読んでるよ」

チャーリーは舞台芸術も大工仕事も好きだけれど、どちらの分野でもプロにならない道を選んだ。地元のコミュニティ・シアターも合唱クラブも、時々やる大工仕事も、人生を豊かにし、大きな満足感をくれる。でも、そこで稼ぎたいとは思っていないし、稼ごうとしたら、今ほど楽しめなくなるだろう。ITの仕事が生活を支え、趣味がクリエイティブな感性を満たしてくれる。「趣味でもうけなくては」というプレッシャーもなければ、「ITの仕事に情熱を傾けなくては」という焦りもない。会社に入って14年。ITの仕事は、自分にとって何より大事な「夢の仕事」ではないが、家族を支えてくれるし、自分も楽しめている。勤務時間が終わると、仕事も終わる。残業を求められることもないし、休みも取れるし、ほかのマルチ・ポテンシャライトなプロジェクトを楽しむこともできる。わくわくはなくても、ほどよい仕事なのだ。

ほどよい仕事の基準とは？

アインシュタイナーを志望するなら、今検討している仕事がほどよい仕事かどうか確認すべきだ。もしそうでなければ――忍耐が必要なものだったり、生活を支えられないものだったら――幸せにはなれないからだ。

「ほどよい仕事」なら、次の3つの基準を満たしているはずだ。

1. 楽しくて、なるべくやりがいも面白味もあって、心から興味が持てる分野のものであること。ほどよい仕事が多面的である必要はないが、そうであっても構わない（その場合、グループハグの仕事に近くなるだろう――これについては、このあと説明したいと思う）。
2. （第3章であなたが定義した）経済的な目標にかなう給料が出ること。
3. 仕事以外の興味を追求できる、自由な時間とエネルギーが残っていること。週に80時間も働いたり、1日の終わりにぐったりしているなら、ほどよい仕事ではない。

カナダ系アメリカ人のミレニアル世代（訳者注：1980年代～2000年代初頭までに生まれた人たち。金融危機や格差拡大など厳しい社会情勢の中で育った）の一人として言わせてもらう。この会話は、バーバラ・シェアが「ほどよい仕事」について語り始めた頃から、社会がずいぶん変化したことを前提に進めなくてはいけない。雇用の保障は消えつつあり、会社員の労働時間は増えているが、給料は減っている。多くの人は、夜遅くまで仕事のメールに返信することを求められる。それに、多くの若者が抱えている深刻な学生ローンのことも忘れてはいけない。ただし、そうした試練はあってもほどよい仕事は今も存在する、と私は信じている。手にするのが難しくなっているだけ。

エネルギーを確保する

アインシュタイナーは、オフィスでフルタイムの仕事をしたあと、ミュージカルの稽古に行くようなスタミナを、どう確保しているのだろう？　これは、チャーリーの趣味が仕事とまったく違うものであることと関係している。ITの仕事で、チャーリーは分析能力や問題解決能力を活かせる。一方、趣味はもっと直感的で、芸術的で、身体を使うものだ。仕事から趣味へと軸足を移すときに、論理的思考からひらめきへと思考モードが変わることで、エネルギーがチャージされるのだ。

身体にもっと負担のかかる仕事をしていたら、夜は5つのパートに分かれて歌うのではなく、プログラミングを学んでいたかもしれない。今のところ、仕事のあとにプログラミングのスキルを伸ばそうとは、さらさら思わない。1日中携わっていることに近すぎるからだ。

だから、ミュージカル！「ほどよい仕事」を検討するなら、ほかの興味の対象と違っているかを考えること。同じスキルや思考モードを使うものなら、仕事から個人的なプロジェクトに移っても、集中して取り組むのは難しいだろう。

「ちょうどいい多様性」のレベルは人それぞれ

アインシュタイナーの多くは、職場で複数の役目を果たせるような仕事をしている。では、ほどよい仕事とは、グループハグの劣化版なのだろうか？　いや、多様性が増せば増すほどよいのかと言えば、必ずしもそうではない。本業があまり多面的でないほうがいいかもしれない理由は、いくつかある。

エイプリル・ボムフェルは、「あまりに大変」と感じて図書館員の仕事を辞めた。仕事自体は楽しかったが、時間もエネルギーもすべて吸い取られている気がした。だから、「仕事の幅が狭くて退屈」なウェブ編集者に転職した。エイプリルにとって（今のところ）、申し分ない仕事だ。機械的で幅の狭い仕事のよいところは、仕事と私生活のメリハリがつけられること。

「ストレスを家に持ち帰らなくなったから、暇な時間に、夫と一緒に本業以外《サイド》のプロジェクトに取り組めるようになったわ。2人で小さな農園を持って、そこでお花を育てて売ってるの。すごく楽しい。本業があるおかげで、しかも、新しい仕事を選んだおかげで、前より楽しく過ごせているわ」

あえて言わせてもらえば、図書館員の仕事は、少なくともエイプリルにとっては、ほどよい仕事ではなかった。[15] 本業が大変すぎて、ほかのプロジェクトに取り組む時間もエネルギーも残らなかったからだ。全身全霊で——さまざまなスキルと関心をつぎ込んで——働いていたから、1日の終わりにはクタクタになっていた。グループハグ・アプローチとアインシュタイン・アプローチのどちらを選ぶかは、多様性を職場で手に入れたいのか、好きな時間に好きなように手に入れたいのかによって違ってくる。

「ほどよいビジネス」を始めよう

アインシュタイン・アプローチの自営業版とは、十分な収入と、ほかのプロジェクトに携われる時間をくれる、幅の狭いもうかるビジネスを営むこと。需要の高い専門的なスキルを持つマルチ・ポテンシャライトに、ぴったりのアプローチだ。プログラミング、ウェブ開発、グラフィックデザインといった技術があれば、安定した「ほどよいビジネス」を立ち上げやすい。コンサルティングも、利益の上がる幅の狭いサービスの一つだ。

リー・マシューズは、フリーランスの科学系《サイエンス》ライターだ。週に30時間は、難解な医学誌の記事を要約する仕事をしている。ＩＴマネジャーのチャーリーと同じで、リーの本業も、時間的・精神的な余裕が持てる多面的な仕事だ。医療にまつわる複数のテーマについて書いているほか、医療以外の興味を仕事に組み込むことも多い。

たとえば、数年前には、性別適合手術を行うある外科医と仕事をした。当時この医師は、この治療についての知識があり、共感を込めて書ける医療系ライターを見つけるのに苦労していた。リーはＬＧＢＴＱ（訳者注：レズビアン、ゲイ、バイセクシュアル、トランスジェンダー、クエスチョニングの略）運動や社会正義に詳しい、一流のサイエンス・ライターだ。手術を受ける人たち向けのパンフレットの作成には、うってつけの人材だった。実はリーは、

注15　私は、図書館の仕事が大好きだという、多くのマルチ・ポテンシャライトと話をした。彼らは、エイプリルが「好きではない」と言ったのと同じ理由で、仕事が好きだと言っていた。多くのことができて、多くのものになれるところが気に入っている、と。

こうした興味をほかのやり方でも仕事に日常的に組み込んでいる。性差にまつわる言葉を変えて、記事を偏りのないものにしているのだ。たとえば、「妊娠中の女性」という表現を「妊娠中の人たち」と改める。また、文章を書くときには、生物学的な性差を表す「性《セックス》」という言葉と、社会的・文化的な性差を表す「ジェンダー」という言葉を明確に区別している。言葉と戯れるリーは、5000ワードの記事を数百ワードに要約する課題を楽しんでいる。言葉と戯れる、パズルを解くようなこの仕事が好きだ。ただし、複数の分野にまたがる面白いビジネスに携わりながら、リーには仕事に組み込んでいない、ほかの情熱もある。本業は、特定のスタイルで情報を伝達することだが、お金をもらっていない取り組みはもっと芸術寄りで、誰かと一緒にやるものが多い。今は小説を書いたり、ある作曲家とコラボして著書のうちの1冊をオペラにしたり、ビールを恋愛になぞらえた詩の小冊子をつくったりしている。[16]

自分のスキルの「相対的価値」を知る

経済的な安定が、アインシュタイン・アプローチのカギになる。収入が安定していれば、お金の心配をせずに、仕事以外の情熱を探求できるからだ。アインシュタイン・アプローチとは、生活を支えるお金を生み出す仕事かビジネスを、一つ持つことをいう。世の中には、よくも悪くも珍しくて需要の高いスキルが存在する。そうしたスキルは当然ながら、高い報酬に恵まれる。これまでに紹介した３人のアインシュタイナーがテクノロジーや情報にまつわる仕事に就いているのは、意外なことではない。

また、リーとチャーリーが、芸術寄りの仕事ではあまり（あるいはまったく）稼いでいないのも、偶然ではない。芸術的な仕事は社会的に重要だし、自分の心を満たしてくれるけれど、お金にはなりにくい。ほどよい仕事が舞台の演出です――という人物には、まずお目にかかれないだろう。舞台の演出家は生活の安定のためではなく、情熱のために仕事をし、身も心もその仕事に捧げているはずだから。

あなたが「芸術系のことをやりたい」と思っているなら、心配は要らない。あきらめる必要も、ひもじいアーティストになる必要もない。安心はほかのところ（心から興味を持てる別の分野）で手に入れて、自由な時間にアートを追求すればいいのだ。あるいは、アインシュタイン・アプローチではなく、スラッシュ・アプローチのようなやり方もある。こうしたた

注16　リーがこのプロジェクトを思いついたのは、友達と出かけたときだ。ビールを一口飲んで思ったという。「このビールは恋愛に似てる。最初はわくわくして、次に濃厚になって、そのうち苦い終わりが来る」と。

戦略を取っても、志を曲げたことにはならない。マルチ・ポテンシャライトの素晴らしいところは、さまざまなスキルや興味を持っていることだ。アインシュタイン・アプローチなら、もうけにつながりやすいスキルを軸に、ほどよい仕事を構築していける。そうすれば、プレッシャーを感じずに、ほかの興味を追求できるだろう。

外科医でもアインシュタイナーになれる?

では、興味を持った「ほどよい仕事」に、何年ものトレーニングが必要だとしたら? マット・ランバートは72歳の医師で、47年間も医療分野で働いてきた。マットはキャリアの大半を外科の開業医兼外科の教授として過ごしてきたが、最近、病院の経営管理の分野に移った。この47年間のキャリアだけを見れば、マルチ・ポテンシャライトには見えないだろう。多くの人は医療を、スペシャリストの最高峰のようにとらえている。

でも、マルチ・ポテンシャライトの医師がいたって構わないのだから、医療に興味を持ったマルチ・ポテンシャライトが弱気になる必要はない。マットの本業は医師かもしれないが、情熱的なアーティストで、熱心な読書家で、生涯かけての学習者でもある。外科医としての人生を、マットはこう説明してくれた。

「医者の仕事は好きだったけど、短編小説や詩をいくつも書いて、小説も1作書き上げたよ。バンドでギターも弾いてた。木彫りのアート、木版印刷、中国の水墨画、コラージュ、アクリル画、中世の彩飾、ワイヤ彫刻もしたし、本も山ほど読んできた」

本書を書くにあたって、多くの人に取材をしたが、マットにはとくに元気をもらった。72歳の彼は、個人的なプロジェクトを優先させることに、まったく悪びれていない。意図的に、自由な時間をスケジュールに組み込んでいる。

「人生はあっという間だ。イライラしたり、望みをほったらかしにしている場合じゃないよ。やりたいことをすべて実現するのは無理だとしても、みんなもっと頑張れる。私は毎日、自分の大事なことをする時間をつくるようにしてる。瞑想したり、読書したり、何かをつくったり、思いをめぐらしたり、家族や友達など世の中がくれるすべてのものに感謝したりね」

マットもさまざまな情熱を抱くことに、常に自信たっぷりだったわけじゃない。かつては、医療と芸術の両立は無理だ、と思っていた。
「医者になったことでチャンスを逃した、とずっと思っていたんだ。だから、天職は何なんだろう、と模索し続けてた。これ（マルチ・ポテンシャライトであること）があるべき姿なのかも、と気づいたのはつい最近のことさ」

【セルフチェック――アインシュタイン・アプローチが合うか、試してみる】

アインシュタインの例に倣って、ほどよい仕事やビジネスに携わるのは、あなたに向いているだろうか？　自分のスキル、興味、目標をよく考えて、アインシュタイン・アプローチを選べばどんな人生が送れるか、想像してみよう。

興味のマスターリストをつくろう

（第4章ですでにつくったなら、もう一度つくる必要はない。そのマスターリストを取り出して、「『ほどよい仕事』の候補をリストにしよう」のセクションに移ろう）
過去から現在までに興味を持ったもの、情熱を感じたもの、獲得したスキル、好奇心を覚えたものを、思いつく限りすべて書き出そう。自己規制はしないこと。今その活動をしていなくても、芽生えたばかりの興味でも、一過性に終わりそうなものでも構わない。こうしたエクササイズのときは、つい自分の実績を卑下しがちになるが、次のルールを守ってほしい。このエクササイズのどこかで、何かを盛り込むかどうか迷ったときは、とりあえず盛り込むこと。

リストを整理しよう

「失せた」興味――リストに載ってはいるが、近いうちにもう一度やりたいとは思わないもの――には×印をつけよう。リストの中の、今とくにわくわくを感じるものには、星印をつけよう。

「ほどよい仕事」の候補をリストにしよう

キャリア・アドバイザーに相談しているところを思い浮かべてみよう（あるいは、実際に相談に行ってみよう）。アドバイザーは「興味のマスターリスト」を見て、どんなキャリアを提案してくれるだろう？　あなたのような経歴を持つ人には、どんな仕事がお勧めなのか、少し調べてみよう。いわゆる「実務的」なキャリアを選べば、立派な

「ほどよい仕事」が見つかるだろう。たとえば、「社会学を専攻した人の仕事」をさっとオンライン検索してみると、社会調査士、保険数理アナリスト、ユーザー体験アナリストなど、多くのキャリアが提案されている。また、「スポーツ関連のキャリア」を調べれば、フィットネスの指導者、運動生理学者、スポーツ栄養士などが見つかるだろう。

本当に「ほどよい仕事」かどうか、念入りにチェックしよう

「ほどよい仕事」の候補を見つけたら、それぞれについて次の質問をしよう。

- この仕事で、第3章で定義した、経済的な目標にかなう収入が得られるか？
- この仕事に、週に何時間費やすことになるだろう？
- この仕事をしたら、クリエイティビティや感情、身体が疲弊しないか？
- この仕事は、職場で学ぶチャンスをくれるか？
- この仕事は面白そうか？　雇用主や同僚、職場環境を好きになれそうか？
- この仕事は、追求したいほかのプロジェクトと違っているか？　別のスキルや思考モードを使うものか？
- この仕事をしながら、仕事以外の情熱も追求すれば、私の1日や1週間はどのように

なるだろう？　そのスケジュールは、第3章で考えた「完ぺきな1日」にマッチしているか？

すべての仕事がこれらの基準を100パーセント満たしている必要はないし、おそらくまだ抽象的で、すべての質問に具体的には答えられないだろう。それでも、ほどよい仕事の候補を検討するときに、こうした質問をすることは大切だ。

「ほどよいビジネス」の候補をリストにしよう

あなたのマスターリストを見てほしい。あなたは報酬がもらえそうな、どんなスキルを持っている？　まだプロとしてやっていけそうなレベルでなくても、心配は要らない。これはブレインストーミングだから、すべてのアイデアを紙に書き出そう。あなたは絶えず成長し、変化し、磨かれている。自分に制限をかける必要はまったくない。

そのスキルでどれくらい稼げるか？

今特定したそれぞれのスキルについて、次の質問をしよう。

●このスキルで、どれくらい稼げるか？
●このスキルには、どれくらいの需要があるか？
●このスキルは、どれくらい珍しいか？
●自分が埋められるニッチな分野はあるか？　あるいは、このスキルにもっとお金を払ってくれる顧客はいないだろうか？（たとえば、フリーランスのマーケティングの仕事を、中小企業やＮＰＯ向けではなく、大企業向けにしたほうが、報酬が増えるかもしれない）。

ここまでのアイデアをまとめよう

新しい紙に、このエクササイズから生まれた、ほどよい仕事やビジネスのアイデアを、リストにしておこう。

行動を起こそう

アインシュタイン・キャリアを追求することにわくわくするなら、正しい方向に進むために、今週実行できる1～3個の小さな行動ステップを決めよう。どんなステップにするかは状況と、ほどよい仕事やビジネスのアイデアによるが、いくつか例を挙げてみよう。
●検討中の仕事に就いている人に連絡し、その仕事の日々の現実について尋ねる。
●稼げそうなスキルのどれか一つを練習したり、磨いたりする。
●履歴書を手直しし、今真剣に検討している「ほどよい仕事」にふさわしい経験や資格を組み込んだものにする。

アインシュタイン・アプローチのキーポイント

アインシュタイン・アプローチは、興味のあることに楽しみのためだけに、好きなように取り組むことで満たされる（あるいは、安心できる）――というマルチ・ポテンシャライトにお勧めの選択肢だ。また、安定性や日課があるとうまくやれるタイプの人にも向いている。この章のキーポイントは、次の通りだ。

・アインシュタイン・アプローチとは、生活を支えるのに十分な収入を生み出し、ほかの情熱を追求する時間とエネルギーも残してくれる、フルタイムの仕事かビジネスに携わること。

・アインシュタイン・アプローチとは、ほどよい仕事を持つこと。自営業のほうがよいなら、ほどよいビジネスを立ち上げること。

・ほどよい仕事やビジネスが提供しなくてはならないのは、⑴楽しさ、⑵十分な収入、⑶自由な時間。

・アインシュタイナーの場合、本業と個人的なプロジェクトに使うスキルや思考モードがそれぞれに違うから、仕事のあとに情熱を追求するエネルギーがわく。

・多面的な「ほどよい仕事」を探す人もいるが、多様性がありすぎると、仕事のあとにエネルギーを保つのが難しくなり、裏目に出ることもある。複数の分野にまたがる仕事のほうが魅力的に思えるなら、グループハグ・ワークモデルを検討すること。

・経済的な安定はアインシュタイン・アプローチの要だ。稼げるスキルは、ほどよい仕事やビジネスにつなげやすい。

・何年もトレーニングが必要な仕事に興味を持っても構わない。何年も勉強しなくてはならない分野で熱心に働きながら、毛色の違う有意義な趣味をたくさん持っているマルチ・ポテンシャライトは大勢いる。

第7章

フェニックス・アプローチ

数ヵ月、数年ごとに業界を移り、興味を一つずつ掘り下げていく

不死鳥《フェニックス》は、伝説上の生き物の中でもとくによく知られている。神話によると、この大きな赤金色《レッド・ゴールド》の鳥は、５００年ほど生きる。そして命が尽きる頃、小枝で薪の山をつくり――ここから神話の解釈はさまざまに分かれるが――炎に飛び込むか、薪に横たわるかして死に、ゆっくりと腐敗する。そして、灰（もしくは始原の泥）から生まれ変わる。

フェニックスは、一部のマルチ・ポテンシャライトにふさわしいたとえだ。私たちの中には、日々いくつもの興味の対象に取り組むことでイキイキする人もいれば、一つのテーマに何ヵ月、何年と心を奪われる人もいる。

フェニックス・アプローチとは、ある業界で数ヵ月、もしくは数年働いたあと、方向転換し、新たな業界で新たなキャリアをスタートさせる

こと。当然ながら、このキャリアモデルは、「同時――順次」直線では「順次」寄りで、情熱を一度に一つずつ探求するのが好きなマルチ・ポテンシャライトに向いている。

共通の友人を介してトレバー・クラークと知り合ったのは、私が「Puttylike《パティライク》」というウェブサイトを立ち上げた直後のこと。当時のトレバーは、熱心なブロガー兼デジタル・マーケター。彼はミシガン州に、私はデンマークに住んでいたけれど、オンラインですぐ仲よくなって、お互いのブログを育てようとアドバイスやサポートをし合った。実は、トレバーこそが、マルチ・ポテンシャライトという言葉を最初に使った人物なのだ[17]！

遠く離れているとありがちだが、トレバーとの連絡はその後数年間途絶えたけれど、お互いのソーシャルメディアは時折チェックし合っていた。そんなある日、彼が投稿するテーマが変わっていることに気がついた。テクノロジー系の記事ではなく、熱心に食にまつわる投稿をするようになっていた。友達と始めたキノコ農園に関する記事だ。グルメ向けのキノコを手塩にかけて育て、地元の高級レストランに販売し始めていたからだ。

私は、トレバーの転職を知ってからすぐ、妻と車で旅をした。そして、トレバーが立ち上げた「アーバン・マッシュルーム」の本社に立ち寄り、近況を見聞きすることにした。そこは目を見張るような空間だった。いくつもの部屋いっぱいに、色とりどりのキノコがそれはたくさん並んでいたのだ。その多くは、聞いたこともない種類のもの。でも、何より心を打たれたのは、菌学に対するトレバーの情熱だった（壁いっぱいのヤマブシタケに丁寧にスプレーをかけながら、最近の冒険について詳しく語ってくれた）。以前オンライン・マーケティングに注がれていた情熱が、そのままそこにあった。ただしそれは今、キーワード検索にではなく、培養皿《シャーレ》の実験に注がれている。

さて、時計の針をここから3年ほど早送りさせてほしい。トレバーはキノコの会社の株を売って、地元の食品業者のネットワークの運営責任者になったが、私はびっくりしなかった。その翌年には、テクニカル・サポート・アナリストに転身。トレバーは、順次（一度に一つずつ）興味を追求していくマルチ・ポテンシャライトなのだ。何かに魅せられて全身全霊で取り組み、数年で次に移る。やりがいを感じなくなったらそこを離れ、新しい分野に移動する。自分なりの終点に到達するたびに、トレバーの古いアイデンティティは、燃え盛る炎の中へダイブして、灰から生まれ変わり、新たな役割へと踏み込んでいく。

注17　私は以前からブログで、心理学用語である「マルチ・ポテンシャリティ」について論じていた。するとあるときトレバーが、自分のブログで「エミリーの作品をチェックすべきだ」と勧めてくれたのだが、そのとき「Puttylikeのコミュニティは『マルチ・ポテンシャライト』で構成されてる」と書いてくれた。たしかにその通りだと思い、トレバーからこの言葉を推進していく許可をもらった。

興味を一つずつ掘り下げたいマルチ・ポテンシャライトもいる

フェニックス・ワークモデルは、物事を深く掘り下げるのが好きで、日々の生活にそれほど多様性がなくても満足できるマルチ・ポテンシャライトにぴったりだ。フェニックス・アプローチは、ほかのワークモデルとある1点で異なっている。それは、このモデルが多様性を提供しないこと。というより、多様性が非常にゆっくりと発現することだ。つまり、自分の職歴を振り返ってはじめて、多様性を見出せる。このタイプの人はおそらく興味を持った分野に足を踏み入れると、同時にたくさんの興味に手を出すことはない。物事を次から次へと探求してはいくものの、次に移るのは（数時間後ではなく）たいてい数年後だ。「同時——順次」直線で「順次」寄りの人は、フェニックス・アプローチに向いているかもしれない。

博士号を捨ててでも追いかけたい、次の興味がわいてくる

リサーチの結果、面白いことがわかった。ほかのワークモデルを選ぶマルチ・ポテンシャライトに比べて、フェニックス型のマルチ・ポテンシャライトは、少なくとも一度、博士課

程を放棄している人が多い。社会経済的な要因はさておき、多くのフェニックスは、5年間の博士課程を「3～4年は楽しめたけど、その後興味を失ってしまった」と言う。

バート・レンズリンクは、化学の博士課程を4年で離れる決心をした。すっかり退屈し、論文を書き上げる気力をなくしたからだ。そのあと、コンピューター好きを極めようと、30年にわたってキャリアを重ねてきた。その間、マーケティング、テレコミュニケーション、ITプロセス・アーキテクチャー、プロジェクト・マネジメント、経営コンサルティングと、さまざまな分野を経験してきた。同じように、ステファニー・レブラン・コーラーも、ジャーナリズムの博士号を取るのをやめた。数年は取り組んだけれど、新しいことに挑戦したくてたまらなくなったからだ。結局、広告の仕事に就き、その後教育の仕事に移り、のちに翻訳を始めた。

このようにフェニックス型のマルチ・ポテンシャライトが博士号を途中で投げ出すのは、実にもっともな話だ。ある分野に魅了されて、最高レベルの教育を受けてはみたけれど、それほど長期にわたって没頭し続けたくはない。そんなのはダメ人間？　とんでもない！　彼らはフェニックスなのだ。ほかのどのマルチ・ポテンシャライトよりも、深く掘り下げるのが好きだ。でも、マルチ・ポテンシャライトの例に漏れず、仕事にはわくわく感とやりがいを感じていたいのだ。

ほかのアプローチと組み合わせても構わない

あなたが、ここで紹介したフェニックスたちほど、一つのことに専念するタイプではないとしたら？　その場合は、フェニックス・アプローチを多面的なものにする方法がある。ほかのワークモデルと組み合わせたり、順々にワークモデルを変えていくことで、徐々に自分の望む分野に移行するのだ。想像してみてほしい。たとえば、あるマルチ・ポテンシャライトが、10年かけてエンジニアリングから健康へ、健康から食品へと働く業界を移っていくとしよう。この人はエンジニアのときは、アインシュタイン・アプローチを取り、大企業でほどよい仕事をしながら、仕事以外のさまざまな情熱を探求していた。その後、健康分野に転職するときは、スラッシュ・アプローチを選び、パートタイムの収入源を掛け持ちした。そのどれもが何らかの形で健康に関わるものだった（週に何日かクリニックを手伝う傍《かたわ》ら、数人のクライアントに栄養のコーチングを行い、ヨガの先生もしていた）。最後に食品業界に移るときは、グループハグ・アプローチを選び、グルテンを使わないパン屋を始めた。これは健康と食品に対する興味を組み合わせた「ルネサンス・ビジネス」である。しかも、時折ヨガ教室も開けるように、広いスペースでパン屋を開いた。

フェニックス・アプローチをほかのワークモデルと組み合わせれば、ほかの興味を切り捨てなくても、長い期間、一つのことを深く掘り下げられる。進路を変えるときも、その転職

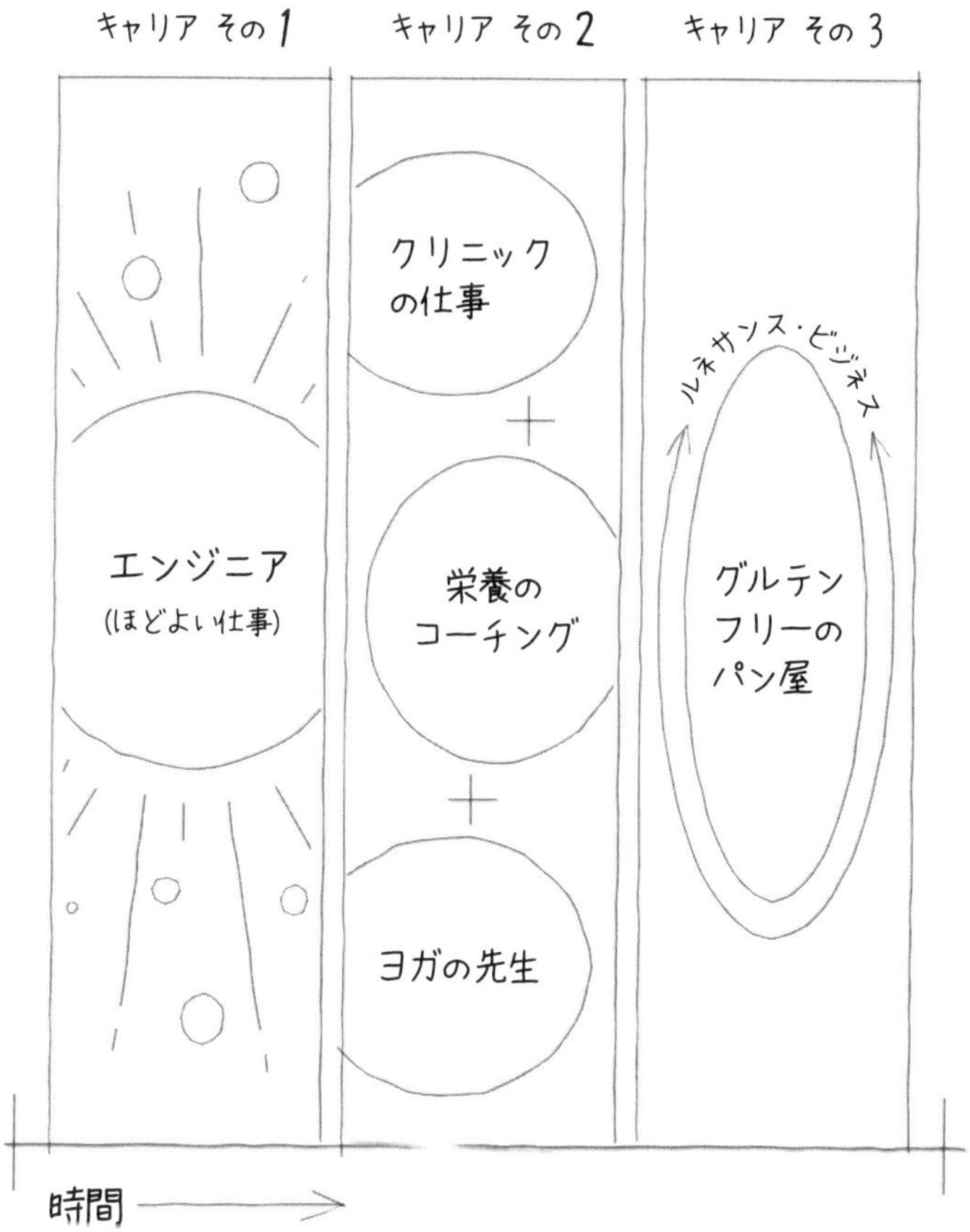
キャリア その1
キャリア その2
キャリア その3
エンジニア
(ほどよい仕事)
クリニック
の仕事
＋
栄養の
コーチング
＋
ヨガの先生
ルネサンス・ビジネス
グルテン
フリーの
パン屋
時間

は周りが思うほど突然でも気まぐれでもない場合が多い。

フェニックスは、でたらめに生まれ変わるのではない

それほど親しくない人から見れば、フェニックス型のマルチ・ポテンシャライトは、一貫性がなく、ただでたらめな転職を繰り返しているように見えるかもしれない。この本の冒頭に出てきた、私が演技の先生と再会したエピソードを思い出してほしい。先生は、映画制作者から法律家という私の一見でたらめな転身に戸惑っていた。私たちはさまざまに生まれ変わるから、さぞでたらめで支離滅裂に見えることだろう。でも、たいていの場合、そこにはすべてをつなぐ「なぜ」（あるいは複数の「なぜ」）が存在する。このときの私の「なぜ」は、「問題解決が好き」なことだった。今にして思えば、問題解決は、映画制作でも複雑な訴訟の分析でも欠かせないスキルだ。

時には、個人的なつらい体験から「なぜ」が生まれ、その「なぜ」が心惹かれる分野やキャリアへと導いてくれることもある。マライア・ウィルバーグはもう何度も自己改革をしてきた。最初の仕事は、家庭内暴力防止セミナーの進行役《ファシリテーター》だったが、その後、性的人身売買や性的搾取を防止する分野に移った。それから1年もたたないうちに、ＨＩＶ／エイズ関連

の組織に迎えられ、これまでの４年間、健康の教育者兼講演家として活躍してきた。でも、私が話を聞いたときは、また転職したくてたまらない様子だった。「今の仕事にはもうやりがいを感じないの。刑事司法の分野でキャリアをスタートさせるつもりよ」と話していた。

でも、マライアがした最大の改革は、こうした数々の転職ではない。就職するより前に、私生活で経験したものだ。10代後半の頃、マライアはアルコールや薬物の依存症と闘っていた。虐待を受け、ホームレスになり、その後、投獄もされている。刑務所の中で自分と向き合い始めた彼女は、セラピーを受け、毎日日記をつけ、自己啓発の本を１００冊以上も読みあさり、ボランティア活動を通して世の中にお返しを始めた。「人生を逆転させて、以前の私のような『社会で見過ごされている人たちを助ける』ことにキャリアを捧げる」と決めたのだ。これがマライアの「なぜ」であり、家庭内暴力防止からＨＩＶ／エイズ教育や刑事司法に至るまで、彼女の仕事のすべてをつないでいる。形はさまざまだが、どれも支援やリソースがなくて困っている人たちを助ける仕事だ。

あなたには、自分が長年にわたって担ってきた、いくつもの役割やプロジェクト、アイデンティティをつなぐ共通のテーマが見えるだろうか？　どの転職も、それぞれの形で、自分の「なぜ」の探求を助けている。そういうわけで、次の質問をしよう——炎に飛び込んで、また灰の中から生まれ変わる準備ができたら、今度は何になりたいですか？

次の分野に移る時期を知る方法

フェニックス型のマルチ・ポテンシャライトが抱える最大の課題は、ある道にさよならをして新しい分野に移る時期を知る方法だ。作家兼ビジネス・コーチのパメラ・スリムは、今のポジションや会社や業界を離れるのに最適な時期を決める、賢いテクニックを開発した。パメラはそれを「嫌悪の目盛り」と呼んでいる。1〜10まで目盛りのついた定規を思い浮かべてほしい。1はすべてが最高で、仕事が大好きな状態だ。10は、職場に行くと思っただけで、身体の調子がおかしくなるような状態。今の自分はこの目盛りのどのあたりにいるか、考えてみよう。パメラはたいていの場合、転職にふさわしいタイミングは5〜8の段階だ、と気がついた（彼女はこの段階を「苦悩の領域」と呼んでいる）。9〜10の段階（疲れ果て、気分が悪く、落ち込んでいる状態）まで待ってしまうと、おそらく円満には辞められない。とにかく脱出したくて、帰る橋を焼いてしまったり、軽はずみな辞め方をしたり、「ここよりよさそうだから」と大慌てで怪しげなキャリアを選んでしまったりする。自分が「嫌悪の目盛り」のどこにいるかを知る一番の方法は、日頃から自分の状態をよく確認し、身体の感覚に注意を払うこと。[18]ベテランのフェニックス型マルチ・ポテンシャライトは「苦悩の領域」を心得ているから、この段階に入ると、新たな選択肢をリサーチし始める。

激しい怒りやストレスよりも、マルチ・ポテンシャライトが「そろそろ次へ」の気づきのワードとしてよく挙げるのが、「退屈」だ。退屈するとキレやすくなり、わくわく感ややりがいが消える。以前は常に上司に売り込みたいアイデアがあったのに、プロジェクトをスタートさせたい気持ちがなくなる。こうしたサインが出てきたら、そろそろ次のキャリアについて考えたり、転職の準備を始める時期だ。

ジャンプする前に、次の土台を築いておこう

壮麗なフェニックスが炎に飛び込む様子は、美しくてドラマチックだ。でも、ことキャリアに関しては、フェニックスが自然死を迎え、ゆっくりと朽ち果ててよみがえる――といった、やや健全な形を取りたいものだ。だから、ドアをぴしゃりと閉める（あるいは、バタ

注18　「苦悩の領域」を、パメラはこう説明する。「身体的には、エネルギーのアップダウンに気づくでしょう。何かをやり終えたときには活力がみなぎって調子がよくなるけれど、オフィスに向かうときは、たいてい少し苛立っているか、かなりのストレスを感じています」

ン！　と閉めてダッと炎に飛び込む）ような転職ではなく、次に移る前の宙ぶらりんの時期を、なるべく有意義に過ごす方法を考えよう。フェニックス型のマルチ・ポテンシャライトのほとんどは、次のキャリアに飛び込む前に、本業以外の知識や経験や人脈を広げている。あなたも辞める前に次の土台を築いておけば、スムーズに転職できるだろう。実際、本業以外のことを探求しているうちにプロになるチャンスを得て、転職できるケースは多い。

未経験の業界にジャンプするための6つの戦略

想像してみてほしい。あなたは今、かつて心を動かされた分野で働いている。最初の何年かは、仕事が大好きだった。自分の興味に合っていて、学びのチャンスを山ほどくれて、自分の「なぜ」ともマッチしていた。ところがこの半年〜1年ほどは、仕事でイライラすることが増えた。以前は楽しい課題に見えたことが、今ではお決まりのさえない作業に思える。その一方で、最近興味を覚え、しばらく勉強を続けている分野がある。あなたはこんなふうに思い始める。「この新しい分野で仕事が見つかるかも！　そうなったら最高だな」。では、どこから始めればいいだろう？　まったく未経験の業界に、どうやって参入すればいい？そして、その分野の教育を受け、プロとして経験を積んできたほかの候補者と、どう競い合えばいいのだろう？　では、新しい分野に参入するための６つの戦略をご紹介しよう。

戦略①　今あるネットワークを活用する

仕事を見つけるときにものを言うのは、履歴書よりも人間関係だ。身びいきを擁護するつもりも、履歴書が役に立たないと言うつもりもない。ただ、将来の雇用主の信頼を得ている人物からの推薦ほどパワフルなものはない、と言いたいのだ。その業界やそれに近い分野で働いている知り合いはいないだろうか？　あるいは、面白い人をたくさん知っている、天性のつなぎ手のような友達はいないか、知り合いに働きかけよう。紹介状や推薦状を書いてくれる人と出会えないか、知り合いに働きかけよう。

戦略②　新しいネットワークを広げる

新しい興味にまつわるイベントに参加したり、講座に出席したり、新しい人と出会う努力をしよう。ただし話を進める前に、つい見て見ぬふりをしたくなる、ある問題に対処しておこう——内向きなあなたのことだ。いや、わかっている。実は私も、内向的な性格なのだ。大勢の人が集まる場所では圧倒されるし、「ネットワーキング」なんて言葉には身震いしたくなる。でも、私が何を好きかご存知だろうか？　そう、ほかの人間について学ぶことだ。

みんなの話を聞いて、何が人を動かすのかを理解するのが好きだ。ただし、にぎやかな人脈づくりのイベントではなく、静かな1対1の環境で、それができればと思う。

あなたも内向的なタイプなら、一つアドバイスさせてほしい。イベントには行くべきだけど、長居はしないこと。そして会場にいる間に、人と話をしよう。「こういう場所では落ち着かないんです」と常に正直に話すようにすれば、そばにいる誰かがほっとため息を漏らして、必ずこう言ってくれる。「私も!」(私はこの方法で、結構な数の友達ができた)。つらくなってきたら会場を抜け出し、あとで、友達や仕事仲間になれそうな人に連絡をすればいい。お茶に誘ったり、遠くに住んでいる人なら、「スカイプで話しませんか?」と声をかけよう。積極的に新しいつながりを求めれば、仕事のチャンスは大きく広がるだろう。

戦略③ ボランティア活動をする

ボランティア活動をすれば、経験が積めるし、スキルも伸ばせるし、社会にお返しをするチャンスも得られる。その業界で働く人たちとも出会えるだろう。彼らは求人に詳しいし、情報をくれたり、いつかあなたを雇ってくれるかもしれない。マライアは、熱心なボランティアだ。今はある取締役会のメンバーで、4~5つの目標や組織のために積極的にボランティアをしている。おかげで、しかるべきときにしかるべき場所にいて、しかるべき人たちとつながり、かなりの数の仕事のオファーをもらった。

戦略④　無償でいいから働いてみる

このアプローチは、フリーランスでキャリアを構築したい場合に、とくに効果的だ。チャーリー・ホーンは著書『Recession-Proof Graduate（仮邦題：不況に強い学士）』の中で、「無償で働く」という考え方を提唱している。たとえば、一緒に仕事をする中小企業の経営者を探しているなら、「無償で手伝う」と申し出る。そこで素晴らしい仕事をして、「クライアント」を大喜びさせてから、今後は有償でやらせてもらえないか、と提案するのだ（受け入れてもらえなくても、そこは恨みっこなし）。

チャーリーのお勧めは、一緒に働きたい相手を見つけ、自分が役に立てることを要約したメールを送り、「無償でやります」と申し出ること。自分を売り込むには、リサーチとユニークさと大胆な取り組みが必要だ。『フォーブス』誌の記事で、チャーリーは、『ニューヨーク・タイムズ』紙のベストセラー作家、ラミット・セティにどのようにアプローチしたかを説明している。

「ラミットにはこう言ったんだ。『あなたは本当に動画向きの人だけど、あまり動画をつくっていませんね。おそらく、時間も手間もかかるからでしょう。なので、動画を撮影したら、ぼくが編集してアップロードしますよ。あなたは何もしなくていい。実は、お話しされている場面を編集して、動画を作成してみました。これをデモに使えば、もっと講演の仕事が入るでしょう』とね」

セティにとっては願ってもない話だったので、2人は間もなく一緒に仕事を始めた。

一緒に働きたい相手に「ぜひ！」と言ってもらうには、どんなオファーをすればいいのだろう？　私は長年にわたって、売り込みのメールを受ける側にいる。お断りすることがほとんどだけど、その理由はたいてい次のどれかだ。

●申し出が具体的でないか、私が今求めているものではない

具体的にどんなお手伝いをしてくれるのだろう？　私が関心を持っていることで、まだ取り組んでいないことを提供してくれるのだろうか？

●私がしなくてはならない作業が多すぎるか、こちらでその人を訓練しなくてはならない

この仕事の経験はあるのだろうか？　信頼に足る人物だろうか？　グラフィックデザインをするのなら、オンラインで見せられる作品集はあるのだろうか？　執筆で手を貸してくれるなら、目を通せるブログはあるか？「ワードプレス」を使った経験は？

●私がその人を知らない

この業界特有かもしれないが、「Puttylike」の場合、外の人と関わるチャンスはたくさんある。ブログによくコメントをくれる人や、フォーラムでアドバイスをくれる人の名前は覚えている。名前を知っている人なら、売り込みも検討しやすい。チームに雇う人は、積極的で役に立つ、私たちのコミュニティのメンバーであることがほとんどだ。その才能（や素晴らしい人柄）を知って、チームに迎え入れたいと思うからだ。

要するに、下調べをし、相手を知り、価値のあるものを提供し、相手に大きな作業を求めず、（なるべくなら）あらかじめ知り合っておくことが大切だ。

戦略⑤　トレーニングを受ける

講座を受講したり資格を取ったりすれば、スキルを伸ばせるし、同じ情熱を持つ人たちとつながれるし、履歴書にも書ける。キャリアによっては、免許や修士号、博士号が必要なものもある。投資に見合う価値があるなら、学校へ行くとよいだろう。でも、追求したいキャリアが学位を求めていないなら、地域やオンラインの講座を受けることを検討しよう。

戦略⑥　応用のきくスキルをアピールする

新たな業界で仕事を求めるのは不利だ、とつい思いたくなるが、自分より訓練や経験を積んだほかの候補者に対抗する手段の一つは、「応用のきくスキルを持っている」とアピールすること。過去の仕事の経験が、いかに目の前の仕事とつながっているかを説明するのだ。

マライア・ウィルバーグは、（未経験の）弁護士補助職員に応募するカバーレターの中で、NPOの仕事で使っているスキルを説明した。プレッシャーのもとで働き、厳しい締め切りを守り、補助金の要件を満たし、感情的なクライアントと仕事をしてきた……などなど。

新たな分野で再出発するときは、キャリアの階段を何歩か後戻りするつもりでいること。謙虚に、進んで学ぶ姿勢を持とう。熱意を見せよう。そうすれば、自分が思っているより速く階段を上れるかもしれない。人間関係が履歴書よりものを言うなら、熱意もきっと経験よりものを言うだろう。

立つ鳥、跡を濁さず

あなたが仕事を辞めて新たな冒険に出るときは、おそらく影響を被《こうむ》る人たちが出るだろう。だから、自分がした約束を守り、なるべくスムーズに転職できるよう、できる限りのことをしよう。頼りにしてくれている雇用主や同僚、クライアントのために。つまり、上司には早めに伝え、取り組んできたプロジェクトを完遂するために、数週間は余分にとどまり、必要なら後任者の研修も手伝おう。

連続起業家精神《シリアル・アントレプレナーシップ》

もちろん、イキのいいフェニックスの中には、個人事業主になりたい人もいる。自営業のフェニックスを何と呼ぶのだろう？　そう、連続起業家《シリアル・アントレプレナー》だ！　連続起業家はビジネスを立ち上げ、利益が出るまで育て、その後――売却したり、経営を補佐してくれる人を雇ったりして――ある程度距離を置く。それから、新たな業界で新たな会社を立ち上げ、また一からスタートを切るのだ。

連続起業家は、何かを始めて結果を出すまでやり抜くのが好きなマルチ・ポテンシャライトには最高の選択肢だ。根本的に連続起業家とは、情熱的で猛烈な自立心を持つ、問題解決に長けた人物だ。ティナ・ロス・アイゼンバーグ（ブログ名から「スイスミス」とも呼ばれている）はデザイナーで、４つの素敵な会社を立ち上げた起業家でもある。世界規模で毎月レクチャーを行う「クリエイティブ・モーニングス」、カレンダーアプリ「トゥドゥ」、デザイン性の高いタトゥーシールショップ「タトリー」、コワーキング・スペース「フレンズ」の4社だ。この章に登場したフェニックス型のマルチ・ポテンシャライトはみんな、仕事を辞める前に新たなキャリアを構築しているが、ティナも本業以外《サイド》のプロジェクトを強く勧めている。彼女の4つの会社はすべて、サイド・プロジェクトとしてスタートし、有機的にビジネスに成長していった。あなたは常に、暇な時間に夢中になれるプロジェクトを抱え、自発的に何かを始めるタイプだろうか？　もしそうなら、連続起業家タイプかもしれない。

【セルフチェック――フェニックス・アプローチが合うか、試してみる】

あなたはもともと、物事を順次行っていくタイプだろうか？　しばらくは一つのテーマに的を絞って取り組むのが好きだろうか？　フェニックス・アプローチを採用すれば、人生がどのようになるか、想像してみよう。

何通りもの人生を送れるなら、何をするか考えてみよう

魔法の力で10通りの人生を与えられ、それぞれの人生で何にでもなれるとしたら、あなたは何になりたいだろう？　リストをつくってみよう（必要なら、10通り以上つくっても構わない）。

とくに挑戦したいキャリアを選ぼう

そのリストの中から、今すぐ探求したいキャリアを1～3個選んで、アンダーラインを引こう。

一歩踏み出すための戦略を検討し、リサーチしよう

アンダーラインを引いたキャリアそれぞれについて、次の問いを自分にしよう。

- その業界で働いている、もしくは、つながりを持っている知り合いはいないか？
- その分野で、近いうちに出席できそうなイベントはないか？
- どこでボランティア活動をすればいいか？
- その仕事をフリーランスでやっていけそうか？　いけそうなら、無償で仕事がしたいと思える、中小企業の経営者はいないか？
- その仕事をするには、どの程度の教育が必要か？　参加できる講座や教育プログラムはないか？

●すでに持っているスキルで、新たな環境で役立ちそうなものはどれか？

本業以外《サイド》のプロジェクトの候補をリストにしよう

新しいページに、今取り組んでいる、あるいは、ずっと始めたいと思っていたサイド・プロジェクトのリストをつくろう。そのプロジェクトの中に、ビジネスにできそうなものはあるか？　そこでお金を稼ぎたいか？

あなたは社会のどんな問題を解決したいか？

ビジネスのアイデアを思いつくよい方法の一つは、自分や周りの人たちが抱えている問題に目を向けること。「連続起業家になる」という考えに心惹かれるなら、ノートを手に、気づいた問題と思いつく解決策をメモしていこう。

行動を起こそう

数年ごとに生まれ変わる、という考えにわくわくするなら、スタートを切るために今週実行できる1～3個の小さな行動ステップを決めよう。どんな行動ステップにするかは状況によるが、いくつか例を挙げてみよう。

●明日の勤務時間中に、スマホのアラームが鳴るようセットしておく。アラームが鳴ったら、少し時間を取って、身体の感覚を知ろう。あなたは今、「嫌悪の目盛り」のどのあたりにいるだろう？

●ネットワークに広く働きかけよう。「〈ここに、あなたが探求したい夢の分野を書こう〉で経験を積みたい」と周りに知らせ、手がかりを持っていないか尋ねること。

●無償で仕事をしたい相手をリサーチし、あなたが手を貸すことで、相手ができるようになる／改善できることを一つ明らかにしよう。

フェニックス・アプローチのキーポイント

フェニックス・ワークモデルを選べば、ある分野を深く掘り下げて没頭したい思いと、幅広い経験を積むニーズをどちらも満たせる。この章のキーポイントは次の通りだ。

・フェニックス・アプローチとは、ある業界で数ヵ月、もしくは数年働いて、方向転換し、新たな業界で新たなキャリアをスタートさせること。
・このワークモデルは、興味を一度に一つずつ探求するのが好きな、「順次」寄りのマルチ・ポテンシャライトに向いている。
・フェニックス・キャリアは通常、多様性をあまり提供しないが、フェニックス・アプローチとほかのワークモデルを組み合わせれば、より多面的な働き方ができる。
・フェニックスの人生は、外から見たら支離滅裂ででたらめに見えるかもしれないが、それぞれのキャリアをつなぐ共通の「なぜ」が存在することが多い。
・転職の準備を始めるタイミングは、退屈し始めたときだ。不満が募り、仕事のことを考えただけで気分が悪くなるまで待っていてはいけない。
・辞める前に新たなキャリアを構築しておくことで、美しい転身を目指そう。
・新たな業界に参入するために、次の戦略を試そう――今あるネットワークを活用する、新しいネットワークを広げる、ボランティア活動をする、無償でいいから働いてみる、トレーニングを受ける、応用のきくスキルをアピールする。
・あなたが自発的に何かを始めるタイプなら、フェニックス・キャリアの自営業版である、「連続起業家」になることを検討するのも一案だ。

Part 3

マルチ・ポテンシャライトたちの課題

“ドラゴン”の倒し方を教えよう

おめでとう！　あなたは今や自分のスーパーパワーを知り、それを活用するのにどのアプローチが最適なのかも知っている。あなたの勢いはもう止まらない！

……はずなのだけど。おそらくご存知かと思うが、私たち人間には、自分で自分の足を引っ張ってしまうきらいがある。努力がとりわけものを言うときに限って、努力を惜しむのがうまい。次の2つの章では、いくつもの情熱を軸に人生を楽しむために、対処しなくてはならないとりわけ大きな課題についてお話ししたい。そう、生産性を上げる難しさと、不安という名の怪物についてだ。心配は要らない。そうしたハードルを乗り越えることは、もちろんできる。ふさわしい対処法さえあれば。

第8章 自分に合う「生産性システム」のつくり方

一人の人間がいくつものことに心を注ぎ、そのすべてをどのように前進させればいいのだろう？　マルチ・ポテンシャライトは、あらゆる情熱を人生に組み込んで、空回りしたり、頭がおかしくなったりしないのだろうか？　また、大事なプロジェクトにつきものの「ダメな習慣」――先延ばし、自信喪失、焦り、慢性的なメールチェック――にどう対処しているのだろう？　そもそもみんな、一体どうやって仕事を成し遂げているのだろうか?!

生産性とは、**目標に向かって前進できるように対策を取ること**。私たちの多くにとって、生産性は幸せや自尊心ともつながっている。1日の終わりに、ほとんど何も成し遂げていないと気づいたら、挫折感を覚えるだろう。1日を振り返って、成し遂げたこと――大事なプロジェクトを仕切り、集中して取り組み、順調に進められたこと――が見えれば、自分に自信が持てる。生産性はよいものとして強調されすぎたり、不健全なレベルまで徹底されることもあるが、私は、働きすぎたり無駄に忙しくしたり、さらには効率を追求することとさえもとくに支持していない。ここで話しているのは、プロジェクトを前進させるのに必要な手段を持つべきだ、ということ。それは、今後クリエイティブに、よい気分で、スムーズに仕事を展開したいときに生じるかもしれない必ず生じるハードルに対処するためにも必要だ。

マルチ・ポテンシャライトの生産性を高める4つのポイント

賢人や知識人がいるおかげで、人は昔から、いかに生産性を上げるかについて考えたり書き記したりしてきた。でも、生産性をめぐるアドバイスのほとんどは、マルチ・ポテンシャライトのことを考えていない。私たちに「多様性」が必要なことを、考えても反映してもいないのだ。スペシャリスト向けの生産性のアドバイスはたいてい、しゃくし定規なシステムに従うことを勧めているが、私たちには柔軟なアプローチが欠かせない。

ただし、マルチ・ポテンシャライトの場合、自由と融通性を求める気質は同じでも、働く形は一人一人違う。つまり、マルチ・ポテンシャライトをやる気にするアメとムチが何かは、人それぞれなのだ。1週間の予定を時間単位で決めておきたい人もいれば、「日々の予定を組むなんて」と抵抗を覚える人もいる。なかなか仕事に取りかかれない人もいれば、なかなか仕事を切り上げられず、休みを取るのが後ろめたい人もいる。それに、自分の成長や変化に合わせて、生産性の戦略も進化させる必要があるだろう。マルチ・ポテンシャライトは基本的に、生産性システムをカスタマイズで設計し、時々再設計するべきなのだ。

今から万人向けのアプローチではなく、ユニークな対処法をたくさんご紹介していく。しっくりくる対処法も、こない対処法もあるだろう。カスタマイズが必要なものもあるから、自分に合うよう手直しすることをお勧めする。実験し、自分仕様に変え、組み合わせて自分のシステムをつくろう。

マルチ・ポテンシャライトにとって生産性とは、ただ仕事を片づけるためのものではない。しかるべきことに取り組めているか、仕事が片づくスケジュールを組めているか、あるプロジェクトから次のプロジェクトへ移る時期を理解できているかも押さえておく必要がある。さらには、心を集中させ、仕事に取りかかり、実際に仕事を形にする方法を見つける必要もある。この章では、次の4つのカテゴリーに分けて、対処法をご紹介していく。

1. 何に取り組むべきかを選ぶ。
2. 時間をつくる。
3. 辞め時を知る。
4. 仕事に取りかかる。

では、ポモドーロ[19]を積んで、出発しよう！

生産性を高めるポイント
その１：何に取り組むべきかを選ぶ

マルチ・ポテンシャライトにとって何より難しいことの一つは、自分の「ポテンシャル」のどれを伸ばすべきかを見極めること。私たちは多くのことができるが、おそらく一度にすべてはこなせない。そして、（これについては、腰を据えて議論したい人もいるだろうが）文字通り何もかもやれるとは限らない。どのみち、この世にいる時間は限られているから。それでも、生きている間に実にたくさんのことを経験できる！　この世でありとあらゆることをするのと、一つしかしないことの間には、途方もない開きがある。その途方もなく広い空間こそが、マルチ・ポテンシャライトの遊び場なのだ。

まず何をすべきかを選ぶのは、恐ろしいことかもしれない。ある道を選べば、ほかの道は閉ざされる、という考えにとらわれるからだ（生まれてこの方、ずっとそう言い聞かされてきたから）。時には新しいことに取り組みながら、空《むな》しくなることもある。「この決心もいずれ撤回して、進路を変えるんだろうな」と自分でわかるから、プロジェクトを進めることに何の意味があるのだろう？　とつい思ってしまうのだ。そんな恐れに身がすくんで、何もできなくなることもある。

真実を言おう。選ぶことでたしかに選択肢は減るけれど、自分が思っているほどじゃない。選択が一生ものだったり、取り消せないことはまれだ。むしろ、選択とは柔軟なもの。選びながら変えても構わないし、３つ同時に選べることもある[20]！　さらに言えば、マルチ・ポテンシャライトが興味を失うのは、目標を達成して、人生に新たな情熱や冒険のためのス

注19　何のことかは間もなくわかる。
注20　別に３つでなくても構わない。一度にもっと多くを選べることもあれば、一度に一つが精いっぱい、ということもある。プロジェクトにどれほど手間がかかるかや、人生でほかの何が進行しているかによる。

ペースが必要になったときだ。

ある道を選ぶとき、何が起こるかを前もって知ることはできない。選んだプロジェクトに何年も夢中になるかもしれないし、あっという間に色あせてしまうかもしれない。それでも、その取り組みが、さらに魅力的な新しいテーマへといざなってくれる。あなたにできる最善のことは、心《ハート》の声を聞き、勇気を出すことだ。一ついいニュースがある。行動を起こし、ハートの声に従うことは、やればやるほどたやすくなる。そのうち、ドキドキわくわくしてくるだろう！

とりあえず、選ぶことを深刻にとらえてはいけない。選ばないことも選択だから――こちらのほうが重大な結果をもたらすことが多い。追求するプロジェクトを選ぶときは、「重大な契約をした」なんて思わないこと。探求する、挑戦する、と考えてはどうだろう？　興味の対象には、好奇心やわくわく感を持って取り組んでほしい。楽しむのを忘れないで！

【セルフチェック――取り組むべきことを整理しよう】

さあ、いよいよ楽しい選択の時間だ。紙とペンを用意してほしい。まずは、あなたが取り組めそうなプロジェクトを、２つのカテゴリーに分けよう。

1．優先プロジェクト

このカテゴリーには、あなたがわくわく感を覚え、今積極的に取り組んでいることを入れよう。仕事のプロジェクト、個人的なプロジェクト、勉強中のテーマ、習得中のスキル、楽しんでいる活動などだ。健康を改善する、パートナーとの関係を強化する、といったさらに大きな目標を組み込んでも構わない。

2．待機プロジェクト

このカテゴリーには、わくわく感を覚えてはいるが、今積極的に取り組んでいないことを入れよう。時々していることや休眠中のプロジェクト、まだ深く掘り下げる機会がないアイデアや活動などを入れてほしい。こちらも、仕事や個人的なプロジェクト、テーマ、活動、目標など、どのようなものを組み込んでも構わない。このリストは、いくら長くてもよい。そして、このエクササイズが終わったら、リストのことは遠慮なく忘れよう。また何か新しいことに興味を持ったら、このリストに加えてほしい。

お気づきのように、どちらのリストに書き込むのも、わくわく感を覚えるプロジェクトだ。私たちは日頃、義務や日課、あまり気が乗らない仕事や家事といった多くのことに時間を費やしている。だが本書の目標は、あなたの心の琴線に触れるプロジェクトを前進させることだ。こうしたプロジェクトは、日の目を見ずに終わってしまうリスクがあるから。とはいえ、義務や日課や気乗りしない仕事を、今すぐ人生から追い出すわけにはいかない。だから、それらの合間に大切なプロジェクトを組み込んでいく必要があるのだ。

では、わくわく感を覚えるプロジェクトに話を戻そう。

●今あなたの人生に、優先プロジェクトはいくつあるだろう？　ご存知の通り、一度にたくさんのプロジェクトを抱えて成功する人もいれば、少なめのほうがうまくいく人もいる。よいスタートを切るには、同時に1～5個の優先プロジェクトを持つのがよいだろう。

●1～5という数を、あなたはどのように感じるだろう？　最近、心の余裕をなくしていないか？　あるいは、「何だかしっくりこない」「もっと多様性がほしい」などと感じていないだろうか？　イキイキと安定した気分で過ごすために、今しっくりくるプロジェクトの数はいくつだろう？

●今の生活に優先プロジェクトが多すぎると感じるなら、待機プロジェクトのリストに

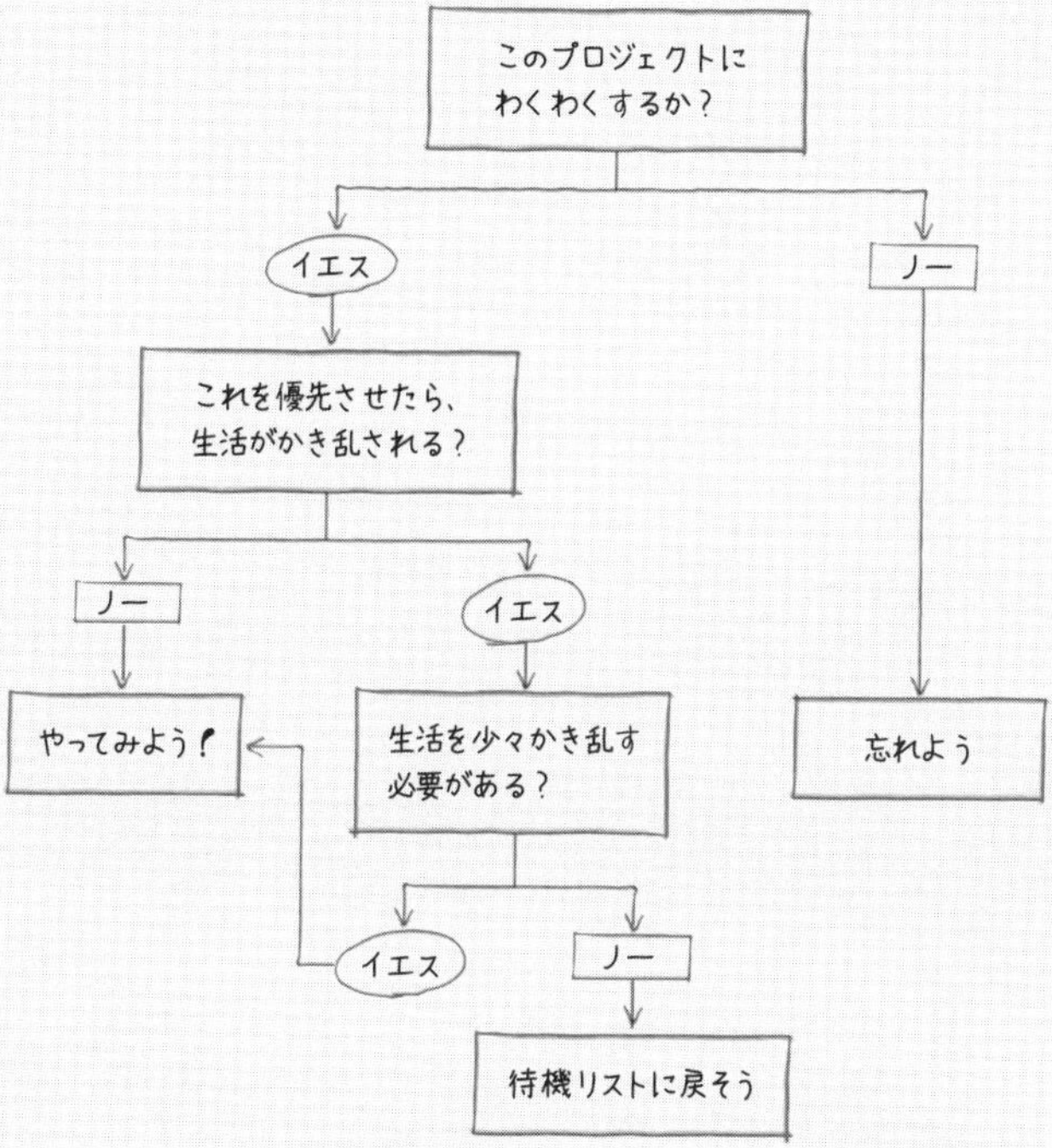

移せるものはないか、検討しよう。「どのプロジェクトも時間がかかりすぎる」と感じているなら、間もなく終わりを迎えるプロジェクトはあるのだろうか？　ないなら、なるべく早く、いくつかを待機プロジェクトのリストに移す計画を立てよう。

●今、優先プロジェクトを増やしたい気分なら、待機プロジェクトに目を通そう。そして、時間と心を注ぎたいプロジェクトを一つ選ぼう。過去に少し試してみたものかもしれないが、上のフローチャー

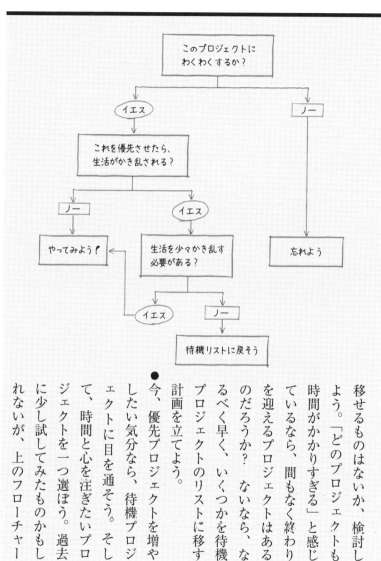

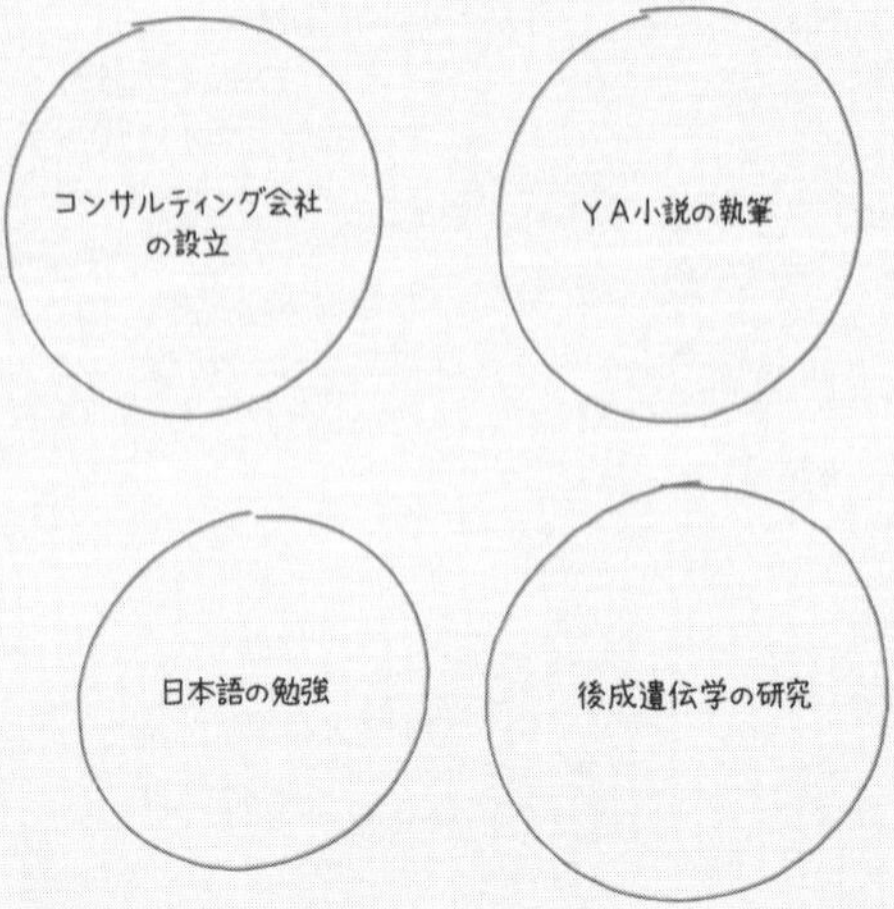

トでチェックしてみてほしい。

●自分が取り組むべきプロジェクトの数がわかったら、新しい紙を用意しよう。それぞれのプロジェクトを円で表し、円の真ん中にプロジェクトを説明する言葉を書こう。たとえば上の図のように。

●提案：この紙をデスクのそばの壁か、仕事場に貼ろう。そうすれば、自分が優先すべきことが目に入るから、その日に取り組む優先プロジェクトを選びやすくなる。

●優先プロジェクトのどれかをしばらくやめる心づもりができたら、待機プロジェクトの中から新たなプロジェクトを選び、先ほどのフローチャートでチェックしてみよう。

もしも待機プロジェクトに取り組みたくて仕方なくなったら？

生産性に関する本を読めば、「プロジェクトが１〜５個なんて多すぎる」「静かに一つのことに集中し、終わってから別のことに取り組むべきだ」というメッセージを受け取るだろう。そのアドバイスは、スペシャリストの耳にはしっくりくるが、マルチ・ポテンシャライト向きではない！　私たちは常にたくさんの情熱――頭がごちゃごちゃになるような面倒なテーマ、キラキラ輝くもの、新たに心惹かれる何か――を探求させてもらう必要があるのだ。その自由をあえて行使しない場合もあるけれど、選択の自由がなければ、つい優先プロジェクトに怒りを募らせてしまう。関係のないことをかじれば、仕事に新たな息吹が吹き込まれるし、格好の息抜きにもなる。

だから、両目でひたすら舞台を見つめるのではなく、ちょっぴり目を泳がせておこう。ただし、その場合は――待機中のプロジェクトを楽しんでもよいことにするなら――自分に制限を課すべきだ。上演中のお芝居の筋が、わからなくなると困るから。別のことを探求したい気持ちと、目の前のプロジェクトを前進させたい気持ちをきちんと両立させること。

ひたすら試行錯誤する時間があってもいい

想像してみよう。一定の時間、生産性を度外視して楽しく過ごしていい、と言われたら？何かにつながるのかつながらないのかわからないことを探求したり、新しいアイデアを試したり、新たなメディアに手を出したり、いくつもの仕事を同時にこなしたり、自由に過ごしていいとしたら？　そんな自由を、自分に与えてはいけない理由はない。楽しんでいい時間を決めよう。

ただし、あまり長くならないように。優先プロジェクトをおろそかにしている、と不安になるといけないからだ。私のお勧めは40分だが、プロジェクトの性質や自由にできる時間によって、もっと長くしたい人も、短くてよい人もいるだろう。時間を決めたら、タイマーをセットして取りかかろう！「試行錯誤の時間」は好きなときに取ればいいが、優先プロジェクトがある程度片づいた、1日の後半に取ることをお勧めする。大変な仕事を片づけたご褒美に、そんな時間を持つものよいだろう。

何に取り組むべきかを選ぶキーポイント

・選ぶのは怖いことだが、選択が一生ものであることはまれだし、自分が思うほど選択にしばられることはない。
・ある興味を追求するときは、重大な契約ではなく探求だと考えること。
・何に心を注ぐべきかを選ぶために、取り組みたい事柄を「優先プロジェクト」と「待機プロジェクト」という2つのカテゴリーに分けよう。
・新たに探究すべきことが見つかったら、待機プロジェクトのリストに加えよう。
・優先プロジェクトのどれかをやめると決めたら、待機プロジェクトのどれかと差し替えることを検討しよう。
・待機プロジェクトに取り組みたくて仕方なくなったら、ひたすら試行錯誤する時間を取ろう。1日中試行錯誤してしまわないように、タイマーをセットすること。いくつもの課題に取り組むなり、とんでもない作業に没頭するなり、自由に「生産的でない」ことをしよう。

生産性を高めるポイント　その2：時間をつくる

さて、選択がすんだら、楽しいプロジェクトをすべて、どのように人生に組み込んでいくかを考えよう。

いつ取り組むのか、それが問題だ

どんな人も、1日の中でとくに頭がさえて、クリエイティブなエネルギーがみなぎっている時間帯がある。その時間に、とくに重要なプロジェクトに取り組むべきだ。逆に、1日の中でエネルギーが低く、何一つはかどらない時間帯もある。私の場合、午後4時頃がそうだ。大きな締め切りが迫っていたり、少しでも作業を進めたいときは、無理やり頑張ってみるものの、とにかく頭が働きにくい。

自分の身心に注意を払おう。1日を通して、どんな気分だろうか？　クリエイティビティやエネルギーのリズムにも目を向けよう。一番わくわくするのはいつだろう？　頭が働かないのはいつ？　時間によって、取り組みたい活動は違っている？　たぶんクリエイティブな仕事は朝のほうが、事務や誰かと一緒にする作業は午後のほうがはかどるだろう。あるいは、夜遅くまで起きて、みんなが寝静まったあとにプロジェクトに没頭したいタイプかもしれない。

ただし、一つ警告しておこう。私は「ひらめきが降りてくるのを待ってから、プロジェクトに取り組め」と言っているのではない。「とくに頭がさえている時間帯を見つけて、仕事に活かそう」と言いたいだけだ。クリエイティブにプロジェクトを前進させるカギは、常日頃からクリエイティブでいること。つまり、クリエイティブな取り組みが習慣になっている状態だ。天からひらめきが降ってくる瞬間はたしかにあるが、それは日頃から取り組んでいてこそだ。ひらめきが降りてくるのを待つのは、「抵抗」にすぎない場合も多い。「抵抗」という名の恐ろしい怪物を倒す戦略については、この章の中ほどでお話ししたい。

時間に余裕のない人はどうすべき？

理想を言えば、毎日自分のエネルギーやクリエイティビティのリズムに合うよう、仕事の時間を調整したいものだ。でも現実には、ほとんどの人がバタバタとあわただしく過ごしている。おろそかにできない義務もあれば、大切にしたい人間関係もあるから、常にやる気いっぱいの時間帯にプロジェクトに取り組めるわけではない。では、望ましい時間帯に仕事ができない（もしくは、あまり時間がない）場合は、いつ優先プロジェクトに取り組めばいいのだろう？　答えは、できるときならいつでも、である。[21]

ローリ・スタルターは会計士から建築のドラフトマンに、さらには企業の経営者に転身したが、彼女の場合は昼休みを使って起業した。毎日正午にオフィスを出ると、車で近くの公園へ向かい、車の中でせっせと働いていた。マイク・パンフリーはほどよい仕事を持つアインシュタイナーだが、毎週土曜の朝に金融ブログを書くのをもう4年も続けている！　朝起きてお気に入りのカフェに出かけ、何時間もかけてその週のブログとニュースレターを書く。これが毎週の儀式になっている。プロジェクトを前進させようと頑張っているほかの人たちも、早起きしたり、寝る時間を1～2時間遅らせたり。[22]理想的な働き方とは言えないけれど、とりあえずできる最善のことをしている。

本書の目標の一つは、あなたがバランスのとれた仕事人生を設計できるようサポートすること。マルチ・ポテンシャライトのスーパーパワーを活かし、つまらなくて気がめいるような仕事をなるべく減らせるように。そのためには時間と実験が必要だし、時には脱出したり転職したりする必要もある。クリエイティブなエネルギーがみなぎる時間帯に、優先プロジェクトに取り組む努力をしよう。ただし、理想的でない時間帯にしか動けない場合は、ぜひそうしてほしい。ローリやマイクのように、自分の儀式をつくり、捻出した時間を使って、プロジェクトに本気で取り組もう。

タイム・マネジメントをする

優先プロジェクトを前進させるために、時間をマネジメントする方法はたくさんある。どの方法を選ぶかは、あなたの忙しさや時間の融通がきくかどうか、１日を通してのエネルギー状態やプロジェクトの性質、深く掘り下げたい度合い、といった要素によって決まる。マルチ・ポテンシャライトが時間のマネジメントによく活用している方法を、いくつかご紹介しよう。こうした対処法を自由に組み合わせたり、手直ししたりして活用してほしい。

注21　このアドバイスは、健康問題を抱えている人や、精神的につらい状態の人にも当てはまる。取り組める気分のときに取り組めばいいのだ。そして、そういう場合はとくに、「生産性が低い」などと自分につらく当たらないようにしよう。

注22　好きなことを追求するために仕事を辞めた友達の多くに起こった、興味深い現象がある。辞める前はひたすら隙間時間を活かしてプロジェクトに取り組んでいたのに、辞めて膨大な自由時間を手にした途端に、迷子になってしまったのだ。１日を無駄に過ごしたり、とても生産的とは言えない状態に陥ったり。彼らはそのうち自分の律し方を学んでいったが、面白い教訓をくれた。

柔軟なスケジュールで行く

マルチ・ポテンシャライトの中には、厳しいスケジュールを守るのに四苦八苦している人もいる。そんなときは、「柔軟なスケジュール」が役に立つだろう。これは直感に従って生産性を上げる方法で、一度に一つのプロジェクトに集中する力が求められる。では、どのように取り組めばいいか、見ていこう。

あなたには今、優先プロジェクトに取り組む自由時間があるとしよう。素晴らしい！　30分かもしれないし、4時間かもしれないし、丸1日かもしれない。自由時間の長さにかかわらず、まずは優先プロジェクトに目を向けることから始めよう。優先プロジェクトのリストを壁に貼っているなら、ただ見上げよう。今すぐ取り組みたいのは、どのプロジェクトだろう？　あなたは次のようなことを考えるだろう。

- どのプロジェクトに一番取り組みたい気分？
- どのプロジェクトが一番差し迫っている？
- 理由はともかく、対処すべきプロジェクトはどれ？

プロジェクトを選んだら、取りかかろう！　ひたすらそのプロジェクトだけに取り組んで

（掛け持ちしてはいけない）、勢いが落ちたり、取り組んでいる作業が終わったり、時間切れになるまで続けること。

その時点で、次のどれかを選ぼう。

●休憩して、また同じプロジェクトに戻る。
●完全にやめる。
●別の優先プロジェクトに移る（もちろん、移る前に休憩を取っても構わない）。

それだけだ。あるプロジェクトに取り組んで勢いが落ち始めたら、休憩を取って継続するか、やめるか、新しい優先プロジェクトに移るかしよう。また、待機プロジェクトのどれかをやりたくて仕方なくなったら、「試行錯誤の時間」を少し取るとよいだろう。

事前にスケジュールを立てる

マルチ・ポテンシャライトの中には、事前にスケジュールを立てるのが好きな人もいる。細かく、あるいはざっくりと計画を立てておきたいのだ。どんな人も人生において、少々計画を立てたほうがうまくいくときがある。私も普段は「柔軟なスケジュール」派だが、やるべきことが多いときや、締め切りが重なっているときは、1日や1週間のスケジュールを立てる。予定を立てておけば、特定のプロジェクトに時間を取れるし、仕事を形にできるという自信も高まる。

マルチ・ポテンシャライトの中には、毎日の規則正しいスケジュールを立てたがる人もいる。その場合は、バーバラ・シェアが提唱する「スクールデイ・ライフデザイン・モデル」を活用すると、面白いだろう。つまり、学生の時間割に倣って、1日の予定を立てるのだ。ただし、コマの中に入るのは「授業」ではなくプロジェクトだ。たとえば、次のように。

9：00～11：00——YA小説の執筆
11：00～15：00——コンサルティング会社の設立
15：00～15：40——試行錯誤の時間
毎夕——日本語の勉強

1コマの長さも、組み込むプロジェクトの数も、自由に決めていい。ついに、時間割を好きに決められる日が来たのだ！

「プロジェクト漬け」になる

毎年11月に、世界中の何十万人もの人たちが5万ワードの小説を書く。これは「全国小説執筆月間（National Novel Writing Month／略称「ナノライモ」）」というイベントで、あなたが温めている小説をついに形にできるチャンスだ。しかもオンラインコミュニティを支えに、書くことができる。友達のリナ・ハンダートと私はこのアイデアにひらめきを得て、別の分野で挑戦することにした。

私たちは大学時代、一緒に音楽をやっていて、「2人でアルバムをつくりたいね」とよく話していた。あれから10年ほどたったが、なかなかアルバムにまで手が回らない。お互いほかのプロジェクトに忙しく（リナはコメディアン兼即興詩人だ）、しかも互いに引っ越して、今や大陸の反対側で暮らしている。それでも、どちらもアルバムのことを忘れられなかった。あるとき家族に会いにモントリオールに戻った私は、リナとある約束をした。「（半年後に）1ヵ月時間をつくろう。一緒に曲を書いて、アルバムのレコーディングしようね[23]」と。そしてこの3年間に2回、別の街で落ち合ってアルバムを制作してきた。毎回、強烈で

注23　結局、5曲から成るEPレコードができた。短くてもレコードが完成したことで、2人とも誇らしい気分になれた！

最高に楽しい経験をしている。2人ともフルタイムでバンドをやる気はないけれど、時々ほんの少しかじりたいのだ。1ヵ月間集中して取り組む、という計画があるから、それができる。アルバム制作という成果を伴う活動であること、締め切りを1ヵ月後に設定していることのおかげで、ブレずに進められる。

1ヵ月でアルバムや小説を生み出すようなハードなことをしなくても、「プロジェクト漬け」の恩恵は受けられる。あるプロジェクトに一定期間を――1ヵ月でも、1週間でも、週末だけでも――捧げるのは、前進するためのパワフルな手段なのだ。

また、第7章で話したように、マルチ・ポテンシャライトの中には、ある分野やプロジェクトに何ヵ月も何年も没頭してから、新たな分野に移行する人もいる。このアプローチは万人向けではないが、6ヵ月契約や4年ごとの転職を勧める人もいる。あなたが「同時――順次」直線の順次タイプなら、毎日の予定を立てる必要はないだろう。理想的な仕事の段取りは、「ある優先プロジェクトに、自分なりの終点に達するまで取り組む」というシンプルなものかもしれないから。

・優先プロジェクトには、1日の中でとくにクリエイティブなエネルギーがみなぎっている時間帯に取り組もう。
・スケジュール上、それが無理なら、取り組めるときに取り組むこと。早起きしたり、寝る時間を遅らせたり、ランチタイムや週末を活用したりしよう。
・仕事の時間をマネジメントする方法はたくさんある。マルチ・ポテンシャライトの中には、柔軟なスケジュールを好む人もいるが、前もって予定をきちんと立てておきたい人もいる。
・時々一定期間、一つのプロジェクトに没頭するのは、プロジェクトを前進させる効果的な方法かもしれない。
・「同時――順次」直線で順次寄りの人は、1日の予定を立てるよりも、ある優先プロジェクトに専念したほうがうまくいくかもしれない。

生産性を高めるポイント　その3：辞め時を知る

「根性なし」という言葉は、結構な悪口である。それは、大変になったらあきらめる弱いヤツ、というニュアンスで語られる。でも世間の印象とは裏腹に、マルチ・ポテンシャライトは仕事が大変になっても投げ出したりしない。私たちが辞めるのは、仕事が朝飯前になったときだ。大変でなくなった時点で興味をなくし、新たな分野を探求したくなるのだ。

外からは途中で投げ出したように見えても、マルチ・ポテンシャライトにとっては、そこがゴールだったのかもしれない。バーバラ・シェアが説明しているように、スキャナー（別名：マルチ・ポテンシャライト）にとっての「終了」の定義は、世間の人たちとは違う。みんなにとっての終了とは、学位を取得する、ある道に人生を捧げる、といった一目でわかる終点に至ること。「死が2人を分かつまで」（もしくは、少なくとも「定年の日まで」）は続ける、というアプローチだ。**一方、マルチ・ポテンシャライトの場合、目的を果たせばそこで終了だ。**バーバラは、次のように語っている。

「何かに興味を失ったら、必ず『目的を果たしたからではないか？』と考えなくてはいけない。あなたは任務を完了したのだ。だから興味を失った。あなたに欠陥があるからでも、怠け者だからでも、腰を据えて取り組めないからでもなく、終了したからなのだ」

「自分なりの終点」を知る

目的を果たしたとき、あなたは「自分なりの終点」に到達したのだ。「目的」はプロジェクトを完遂することだったかもしれないし、あるスキルを習得する、達成感を得る、自分をクリエイティブに表現する、といったもっと個人的なことだったのかもしれない。

以前ある生徒が、「さまざまなことの裏にある『仕組み』を理解するのが好きなんです」と話してくれた。彼女は興味ある分野に飛び込んで、暗号を解読し、仕組み――そこで働いている隠れたパターンや言語やシナリオ――を理解するのを楽しむ。ところが、仕組みがわかったら退屈し始める。その時点で「自分なりの終点」に達したからだ。終点に至ったことを知るもう一つの方法は、自分の「なぜ」について考えること。興味をなくしたなら、おそらく、最初にそのテーマに惹かれた理由が何だったにせよ、それをもう経験したり果たしたりして、次のテーマに移る準備ができたのだろう。

「自分なりの終点」と「抵抗」を見分ける

自分なりの終点が近づくと、退屈になってくる。退屈は、「そろそろ次に移れ」という心のサインだ。ところが、退屈や恐れと驚くほどよく似た症状を引き起こす力が、もう一つある――抵抗だ。「抵抗」は私たちの内側からわく、身の安全を守ろうとする力だ。変化を起こしたり、無理をしたり、リスクを取ったりするのを（何かを生み出すためのリスクであっても）阻もうとする。抵抗に悪気はないが、私たちの行動する力を妨げかねない。作家兼歴史家のスティーヴン・プレスフィールドは、著書『やりとげる力』（宇佐和通訳／筑摩書房）の中で、「抵抗は、恐れ、自己破壊的な行動、先延ばし、自己嫌悪などさまざまな形を取ることがある」と説明している。そして、「その使命や行動が自分の魂の進化にとって重要であればあるほど、人はそれを追求することに抵抗を覚える」と述べている。

あなたが、取り組んできたプロジェクトにやりがいを感じなくなったり、うんざりし始めたとしよう。それは自分なりの終点に達したからなのか、「抵抗」という名の恐ろしい怪物がこの上なく重要なプロジェクトに取り組むあなたの足を全力で引っ張っているせいなのか、どう見分けたらいいのだろう？

この2つの力を見分けるコツは、あなたの心身の感覚に注意を払うことだ。「抵抗」と「自分なりの終点」とでは、身体の感覚が違う。「抵抗」は一気にどっとわき上がる強烈な感覚で、「今すぐ辞めたい！」という気分にさせる。一方、「自分なりの終点」の場合は、「この分野で必要なことは学んだ／達成した」「おおむねやり遂げた」という意識が徐々に高まる。このそわそわ落ち着かない感覚はゆっくりと現れるので、人はたいてい「次に行く準備が整った」という現実を無視しようとする。「抵抗」の場合は、無視しようがない。抵抗は恐れや自信喪失や不安をもたらすが、胸の奥にはなおもわくわく感や情熱が息づいていることが多い。「自分なりの終点」に達すると、恐れを感じることもあるが（変化に恐れはつきものだから）、プロジェクトに対するわくわく感や情熱は薄れているだろう。

では、「自分なりの終点」と「抵抗」を見分ける手がかりを、整理してみよう。

●退屈だけでなく、わくわく感も感じているか？　それとも、本当に退屈しているだけ？
●プロジェクトに強烈な恐れを感じているか？　それとも、胸に鈍い痛みを感じる？
●辞めたい思いはゆっくりと忍び寄ってきたか？　それとも、高波のようにわっと押し寄せてきたか？
●あなたは自分自身に不安を感じているか？　それとも、このプロジェクトにおける自分の力に不安を覚えているか？
●このプロジェクトに、どれくらいやりがいを感じているか？　そして、スタートしたときはどれくらいやりがいを感じていたか？　今、プロジェクトで苦労しているか？　それとも、たやすく（朝飯前に）なってきた？

若干のわくわく感と強烈な恐れを感じる、突然辞めたい気分に襲われた、不安を感じているがプロジェクトにはやりがいを覚えている、という場合、あなたが対処しているのはおそらく「抵抗」だ。頑張ってプロジェクトを前進させてほしい。ただし、今の気分が長引くようなら、[24]いつでもチェックし直そう。

辞め時を知るキーポイント

・マルチ・ポテンシャライトは、仕事が大変になっても投げ出したりしない。私たちが辞めるのは、物事が朝飯前になったときだ。

・ほとんどの人にとって、終了とは一目でわかる終点を指している。一方、マルチ・ポテンシャライトにとっての終了は、目的を果たしたときだ。

・目的を果たしたとき、あなたは「自分なりの終点」に至ったのだ。

・「抵抗」とは、私たちの内側からわく、現状を維持しようとする力で、先延ばしや自己破壊的な行動を引き起こすことがある。

・「抵抗」と「自分なりの終点」は、混同されやすい。どちらも退屈、恐れ、そわそわ落ち着かない感覚、不安、といった気分をもたらす。

・「抵抗」なのか「自分なりの終点」なのかを見分けるには、身体の感覚に注意を払うこと。時間と共にサインがわかるようになるので、プロジェクトにとどまるべきか、新たな冒険に移るべきか、決められる。

生産性を高めるポイント　その４：仕事に取りかかる

何に取り組むべきかを知ることと、実際に仕事に取りかかるのとは、大違いだ。仕事に取りかかるのが大変で、苦痛を伴うこともある。自分にとって一番大事なプロジェクトに取り組めるよう、文字通り「自分をだまさなくてはいけない」こともあるだろう。では、優先プロジェクトを着実に前進させてくれる対処法を、いくつかご紹介しよう。こうしたテクニックは、「抵抗」への対策としても効果的だ。

注24　「抵抗」は完全には消えない、と心に留めておこう。弱まることはあるが時々ひょいと顔を出す、厄介なものなのだ。とくに、自分を安全地帯の外へ押し出すような、面白くて重要なことに取り組んでいるときにやってくる。

仕事の前に、ポジティブな気分になる

やる気満々で目覚め、プロジェクトにまい進できる日もあるけれど、まるでやる気の出ない朝もある。プロジェクトがスタートして数ヵ月たち、もうわくわくしながらデスクに駆け込むこともなくなった……そんな日はないだろうか？　だからといって、プロジェクトを続けたくない、もう熱が冷めてしまった、というわけではない。ただし、そろそろ自分にほんの少し意図的な刺激《インスピレーション》を与える必要がありそうだ。

よくも悪くも、自分の行動が自分の気分をつくる。とくに日課や儀式は、それが心の中でクリエイティビティに触れるたぐいのものなら、行うだけで刺激《インスピレーション》をくれる。クリエイティブな物の見方ができるよう、朝にある日課をこなす人もいれば、時間に関係なく仕事の前に、儀式を行う人もいる。仕事前の習慣として、単独で、あるいは組み合わせて使える対処法を、いくつかご紹介しよう。

●**瞑想**：瞑想の経験がないなら、5分間だけタイマーをセットして始めよう。身体の感覚に意識を向けて、集中しよう。それは呼吸でお腹がふくらんだりしぼんだりする感覚かもしれないし、あなたが頭の先からつま先まで身体の各部分を意識していくときに感じる、身体の感覚かもしれない。何か思考がわいてきたら、その思考を受け入れ、また意識を身体

の感覚に戻そう。瞑想が初めての場合は、録音した音声や瞑想アプリといった誘導瞑想のツールを使うのがお勧めだ（私は「ヘッドスペース・アプリ」がお気に入りだ）。

●**運動**：運動すれば脳への血流と酸素が増加するので、集中しやすくなる。考えるのをやめて、運動して身体と一つになろう。ハードにやっても、のんびりやっても構わない。ウォーキング、ランニング、スイミング、エクササイズ、サイクリング、ヨガなど、自分に効くものを選ぼう。おまけ：身体が疲れるから、（仕事でやむなく）椅子に座るのも、義務ではなくご褒美になる！

●**感謝**：感謝を習慣にすることが最近大いに注目され、感謝はちょっとした流行語になっている。でも、多くの人が感謝について語るのには、もっともな理由がある。感謝していることを思い浮かべると、本当に気分がよくなるのだ。感謝していることを10個、思い浮かべよう。さらによいのは、自分のプロジェクト／情熱／キャリアにどのように感謝しているかを思い描くこと。感謝のリストをつくるだけでなく、実際に少し時間を取って、感謝の気持ちを感じようと努めてほしい。

●**ビジュアライゼーション**：自分の優先プロジェクトを、一つずつ思い浮かべよう。ただし、達成すべき課題を、すべて思い描いたりしないこと。そうではなくて、全体像に目を向けてほしい。Tシャツのビジネスを立ち上げるつもりなら、創業の日に、あるいは販売初日にどんな気分になるか、想像してみよう。小説を書いているなら、誰かが読んでくれて深く感動している様子をイメージするといい。また、第3章の「完ぺきな1日」のエクササイズを取り入れ、その日が実現したらどんな気分か、想像してみるのもよいだろう。

●**環境づくり**：クリエイティビティをかき立てる環境をつくるために、必要なことは何でもしよう。デスクを片づける、道具や材料を整理してきれいに並べる、キャンドルを灯すなど、居心地のよい空間をつくろう。

次の小さなステップを思い浮かべる

プロジェクトでやるべきあらゆることを考えると、圧倒されそうになる。そんなときは、全体像に目を向けるのではなく、次のステップに視線を移すこと。夜に、ある国の端から端まで車で走っているとしよう。車のライトが、目的地までの全ルートを照らしている必要はない。50〜60メートル先まで見えれば、闇の中を進んでいける。プロジェクトを前に進めるために、今実行できる1〜3個の小さなステップはどれだろう？

タイマーをセットする

生産性を上げるツールの中で、タイマーほどあなどられているものはない。では、タイマーのよい活用法をいくつかご紹介しよう。

●**ポモドーロ・テクニック**：このテクニックは1990年代前半に、作家兼起業家のフランチェスコ・シリロが開発したものだ。シリロはトマト型のキッチンタイマーを使っていたので、イタリア語でトマトを表す「ポモドーロ」という名前がついた。これは、プロジェクトを短時間に分割し、気が散らないようにする方法だ。やり方は次の通り。

1. タイマーを25分にセットして、一つのプロジェクトに取り組む。これで、1ポモドーロが終了した。
2. 5分間の休憩を取る。
3. 1〜2のステップを繰り返す。4ポモドーロを終了したら、25分間の休憩を取る。

これで終わりだ。ポモドーロをもっと長くしても、短くしてもいいし、自分のニーズに合わせてシステムを手直ししてもいい。私はポモドーロ・テクニックを使って作業を始め、2〜3ポモドーロを終えたらタイマーを使うのをやめて、長く集中して作業をする——という日もある。

●**5分間だけ猛烈にやってみる**：仕事に取りかかるのがつらいときは、タイマーを5分にセットして、あるプロジェクトに狂ったように取り組む。全力でだ。そして5分たったらやめてもいいが、たいていの場合、始めてみたら続けたくなる（でも、本当にやめたいときは、やめても構わない）。

●**どちらか早いほうに合わせる**：タイマーをある時間にセットして、自分に言い聞かせる。「この作業が終わるか、タイマーが鳴るか、どちらか早いほうに合わせて仕事を終えていい」と。私は大学の法学部に通いながらテレビドラマの脚本も書こうとしていた頃、このテクニックを使っていた。毎日タイマーを40分にセットして、「タイマーが鳴るか、1シーンを書き終えるか、どちらか早いほうに合わせて脚本作業は終了」と。

●**とにかくタイマーをセット**：面倒な段取りは要らない。タイマーを何分にセットしても構わない。とにかくセットすれば、何とか仕事に取りかかれるから。

フロー状態を生み出す

プロジェクトに没頭しているうちに、全世界が消えてなくなり、残ったのは自分と仕事だけだった――そんな経験はないだろうか？　幸せで、頭はすっきりとさえ、落ち着いた気分だったはずだ。自分の中からあふれ出す仕事は見事で、創造の神々が自分を通して語っているかのようだった。ふと時計を見上げると、たった20分しかたっていない、もしくは逆に、あっという間に何時間も過ぎていてあ然としたかもしれない。今話している状態は、心理学者ミハイ・チクセントミハイが「フロー」と呼ぶものだ。ミハイは著書『フロー体験　喜びの現象学』（今村浩明訳／世界思想社）の中で、フローをこう説明している。――ある活動を行う人が、エネルギッシュに集中し、全身全霊で取り組み、活動のプロセスに喜びを感じて没入している精神状態。要するに、フロー状態にあるとき、人はこの上なく幸せで、この上なく生産性が高い。

マルチ・ポテンシャライトは、あらゆることを研究したいし、やりたいし、あらゆるものになりたいけれど、時間は限られている。だから、フロー状態を自在に生み出す（あるいは少なくとも促す）コツを学べば、とてつもない財産になる。フロー状態に苦もなく入れるときもあれば、なかなか入れないときもある。だから、自分がフロー状態にあると気づいたら、注意を払おう。どんな習慣や儀式や環境のおかげで、フローに入れたのだろう？　と。

そのうちそうした要素をそろえて、「そろそろ仕事の時間だ」と脳に合図を送れるようになる。私は、朝にコーヒーショップで1杯の熱い紅茶を飲めば、思いきり生産性が高まる。さらにパワーアップしたいときには、イヤホンを耳に入れる（音楽はナシで）。そう、おかしいでしょ？

3つの「C」に気をつける

シンプルライフを提唱するブロガー、レオ・バボータの著書『Focus（仮邦題：フォーカス）』で、「3つの『C』」について学んで以来、私はたびたびこの概念に立ち返る。基本的な考え方は次の通りだ。私たちの活動の大半は、3つのカテゴリー（つくる／Creating、つながる／Connecting、吸収する／Consuming）に分かれる。「つくる（Creating）」は、新しい何かを生み出すこと。「つながる（Connecting）」は、ほかの人たちに働きかけること。メールに返信する、ソーシャルメディアに投稿する、といった活動も含まれる。「吸収する（Consuming）」は、研究や学びのような活動のこと。本や記事を読んだり、映画を観たり、ポッドキャストを聴いたり、といった活動もそうだ。

3つのカテゴリーはどれも重要だが、すべての活動を最高のものにするには、組み合わせのルールを守る必要がある。**「つながる」活動と「吸収する」活動は組み合わせてもよい**

が、どちらも「つくる」活動と組み合わせてはいけない。つまり、メールチェックする、好きなブログを読む、ポッドキャストを聴く、２冊の本を併読する、といったことは、やりたいならすべて同時にこなしても構わないが、こうした活動のどれかを「つくる」活動と組み合わせるのは、生産的ではない。つくるときは、ただつくるべきなのだ。

「成果ゼロの日」のためのとっておきの対処法

時には、なかなかスタートを切れない日もある。何も成し遂げられないつらいときに使える、特別な戦略をいくつかご紹介しよう。

対処法①　期待値を上げすぎない

私たちの多くは毎朝自分に対して、あきれるほど長い「やることリスト」を書いてしまいがちだ。そして、すべてをこなせないと、長いリストを前に自己嫌悪に陥る。作家のクリス・ギレボーが指摘しているように、「私たちは１日に達成できることを多く見積もりすぎるが、１年にできることを少なく見積もりすぎる」。その日に終えたいことを１０００個書き出すのではなく、自分自身と約束しよう。「優先プロジェクトの一つで、ある程度の作業ができたら、それでおしまいにしよう」と。それを果たせたら、もちろん続けてもいいけれど、残りはおまけの作業だ。頑張りすぎないで！

対処法② ささやかな成功を記録する

私たちは、自分が至らなかったところ、成し遂げられなかった仕事、うまくいかなかったことにもれなく目をやる天才だ。うまくいったことに気づくのは、それよりはるかに下手くそだ。うまくいったことを喜んでいたのでは、いずれうまくいかなくなる——と恐れて、成功を評価するのをためらうことさえある。

これには進化にまつわる理由がある。私たちは、ポジティブなことよりネガティブなことに気づくようにできている。[25] 考えてみてほしい。常に起こり得る危険に目を光らせていたら、森の中に潜むライオンに気づき、嵐の前に食料を貯め込める。ただし問題は、「抵抗」という名の怪物と同じで、この進化にまつわる反応が、クリエイティブな世界ではおおむね的外れなこと。ネガティブに目を向ける能力は、新しいプロジェクトを追求したいときには、あまり役に立たない。ネガティブな態度ではスピードが鈍り、自分の進捗ぶりにも自分自身にも自信が持てなくなる（達成できていないことにしか目が向かないからだ）。そうなると、自分の仕事を評価したり、楽しんだりできなくなる。

そういうわけで、自分のささやかな成功を記録するのは、ついネガティブになりがちな生まれつきの資質と闘うパワフルな手段だ。では、やり方をご紹介しよう。

●日記を手に入れよう。お勧めは小さな日記だ。ページを楽に埋められるし、余白も気にならない。これは、あなたの公式な「ささやかな成功日記」である。ほかの目的には使わないこと。そして、誰にも奪われないよう、命に代えても守ってほしい。[26]

●小さな成功のたびに、あるいは、仕事が一段落するたびに、ささやかな成功をメモしよう。

●他人から得た反応や成果ではなく、﹅自﹅分﹅が取った行動を記録しよう。たとえば、「私の記事が雑誌に認められた」ではなく、「私が雑誌に記事を売り込んだ」と書くほうがいい。そうすれば、﹅自﹅分﹅の行動に目を向け、それを重要な要素と考えるようになるからだ。他人の反応をコントロールすることはできないが、自分の行動の手綱を握ることはできる。自分の行動だけを成功ととらえるようになれば、さらに行動し、さらによい結果を手に入れ

注25　専門用語では、「ネガティビティ・バイアス」という。
注26　冗談である。成功を分かち合うのは、素晴らしいことだ。

られる。

●もちろん、他人の行動の結果、手にした成功も記録していい。ただし、自分の成功をまだ記録してもいないのに、待ちの姿勢でいてはいけない。つまり、まずは「初めての商品を発売した！」と書くこと。それから、「たくさん売れた！」と書き加えよう。

●どんな小さな進歩も成功だ。この日記はわけあって、「ささやかな成功日記」という名前だ。何一つ達成できなかった、と感じる日は、大きな声で次のように言おう。「そう、今日は何もできなかった気がする……でも、ささやかな成功を3つ挙げなくちゃいけないとしたら、何を挙げようか？」と。最初はほんのささいなことでも、到底成功とは思えないことでも構わない。執筆中の短編小説を1000ワード書く目標を、達成できなかった？では、1ページは書けた？　半ページは？　――素晴らしい。ならば、それを書き留めよう。ギターを10分間練習した？　それも成功だ。ささやかな成功を記録すれば、いずれ大きく育ち始める。のちに振り返ったときに、どれだけ進んだかが見える。

●ささやかな成功を記録する一番のタイミングは、新しいプロジェクトを探求し始めたとき。初期の段階には、力不足で気まずい思いをしたり、目の前の仕事の山に弱気になったりしがちだ。そんなとき、ささやかな成功に気づいて喜べば、元気が出て前に進み続けられる。

対処法③　一緒に努力できる友人を見つける

どんなことも、一人でするより誰かとしたほうが楽だ。何かのプロジェクトや目標を追求している、頼りになる友達を一人見つけよう。2～3週間おきに会って、お互いのプロジェクトの進捗ぶりを語り合い、前回会ったあとに生じた問題についてブレインストーミングしよう。毎回ミーティングの最後に、目標を設定すること。目標は無理のないものにし、達成したい時期を伝え合おう。友達が目標を達成したら、拍手でお祝いしよう。達成できなくても、きつく責めたりしないこと。おそらくこの相棒の前で何かを誓うだけで、やり遂げる意欲が持てると気づくはずだ。よい相棒になってくれそうな知り合いはいないだろうか？　5～10分くらい考えて、連絡を取りたい人の名前を2～3人書き出そう。

本当にどうしようもないときのための最終手段

この章に登場した対処法のほとんどは、「抵抗」という名の厄介な怪物と闘うのに使える。ただし、行き詰まりを感じた場合に備えて、さらにいくつかの対処法をご紹介しよう。

感情を解き放つ

たくさんの「抵抗」に対処しているときは、おそらく胸の奥にかなり激しい感情がわいているはずだ。恐れ、怒り、動揺、心配、不安、苛立ち、悲しみ、あるいはそんなすべてを感じていることだろう。そうした感情を解き放とう。たとえば、こんなふうに。

● かんしゃくを起こす。冗談抜きで、本当に怒っていいのだ。一人になれる場所を見つけて（何も知らない家族やルームメイトには、あらかじめ伝えておくこと）、思いきりぶちまけよう。叫んでも、地団太を踏んでも、枕をたたいても、世の中をのろっても構わない。ドラマチックにやろう！　何分か続けたら、激しい感情がおさまっていくのがわかるだろう。「詩が書けないからって、何やってるんだか」とバカバカしくなって、そのうちゲラゲラ笑い出すかもしれない。

● 日記を書く。自由に書こう。自己規制はしないこと。[27]

休憩する

仕事がうまく行かないときは、休憩しても構わない。散歩したり、出かけたり、身体を動かしたりしよう。少し試行錯誤の時間を取って、優先プロジェクトをさしおいて、軽めの仕事と浮気しても構わない。むろん、徹底的に休んで何もしなくてもいい。お昼寝は最高だし、映画も素晴らしい。あなたが考えごとをやめて元気を取り戻せるなら、どんな休み方もマルなのだ。

行動を起こす

そろそろ、あなたならではの生産性システムをつくろう。この章を振り返り、試せそうなテクニックを５つ選ぼう。これで生産性を上げてくれる、便利なツールキットが手に入った！　仕事の準備をしているときや、行き詰っているときは、こうしたテクニックに立ち返って、ぜひ使ってみてほしい。必要なら手直ししたり、自分に合わない場合は、この章で紹介したほかの対処法と差し替えてみよう。人によって効く戦略、効かない戦略があるので、実験して自分のものにしていくこと。

注27　これに「ささやかな成功日記」を使わないこと！

第9章 マルチ・ポテンシャライトが抱く「不安」に対処する

マルチ・ポテンシャライトに足止めを食らわせるものとは、一体何だろう？　私たちがスーパーパワーを活かし、興味を隅々まで探求し、素晴らしいプロジェクトを形にするのを阻むものとは何だろうか？　ハードルの一つは、キャリアにまつわるリソースが不足していること。マルチ・ポテンシャライトが持続可能で多面的なキャリアを構築する方法を、教えてくれる人はいない。2つめのハードルは、スケジューリングと段取り――つまり、厄介な時間の問題だ。でも実は、最も取るに足りないようで何より私たちの首を絞めているハードルは、3つめの自信がないことだ。マルチ・ポテンシャライトの力に（あるいは、その存在にすら）気づかない世の中で暮らしていると、時折自信をなくしてしまう。私たちの最大の敵は、自分自身なのかもしれない。自分のアイデアをこき下ろし、自分の行動をくよくよ悔やむ。批判を恐れ、もはや自分のためにならない仕事や、合わなくなったアイデンティティにしばられている。

マルチ・ポテンシャライトな個性をはぐくみ、尊重してくれる環境で育った人もいれば、まったく逆の経験をした人もいるだろう。おそらく多くの人は、「一つに絞りなさい」という家族からの途方もないプレッシャーにさらされた（あるいは、今もさらされている）のではないだろうか。たとえ周りは何も言わなくても、この手のプレッシャーは私たちの文化の至るところに存在し、大半の人はその教えをある程度身に着けてしまっている。こうした思い込み《ビリーフ》は、時間やお金といった「現実の」ハードルよりも、害をもたらしかねない。

この章では、マルチ・ポテンシャライトに広くまん延している不安に目を向け、自分の内や外からの「批判的な声」に対処する戦略をお話ししたいと思う。そうした雑音は、自分の多面性を受け入れようとするあなたの足を引っ張る恐れがあるから。今後自信をなくしたり不安を覚えたときには必ず、この章に戻ってきてほしい。ここで発信しているメッセージが、心に響くはずだから。

マルチ・ポテンシャライトが抱えがちな4つの不安

往々にして、自分の心の声ほど残酷なものはない。「私はマルチ・ポテンシャライトだ」という気づきが、それまでの自信のなさや意地悪な心のつぶやきを静めてくれることを願っている。でも、自分の個性を受け入れてから長く時がたっても、積年の不安が頭をもたげることはある。今から、マルチ・ポテンシャライトが抱えがちな「不安」について話をしよう。そして厄介な、批判的な心の声に対処する方法を、一緒に考えよう。

不安 その1：アイデンティティへの不安

かつては大好きだったことで、「自分なりの終点」に達したと気づいたら、胸がつぶれそうになるかもしれない。おそらく膨大な時間と、汗と、涙と、お金を投じてきたことだから。これこそが「天職だ」とさえ思っていたかもしれない。でも、興味を失った瞬間に、「勘違いだった」というつらい気づきだけが残る。

私はもう何度も、そんな経験をしてきた。20代前半で音楽への興味を失ったときには、すっかり途方に暮れた。「音楽がなくなったら、私って何者よ？　みんな私をミュージシャンだと思っているし、私だってミュージシャンのつもりでいる。何で音楽に興味がなくなるの？　もう自分が何者なのか、自分でもわからない！」。映画への興味が薄れたときも、法律に飽きたときも、同じような気分を味わった……。こんな感情に陥ると、ダメ人間ではないかと心配になり、深い喪失感を抱き、後ろめたさや恥ずかしさを感じる。そして、楽しかった時期や消えてしまった情熱を悼《いた》むのだ。

この不安に対処する方法

では、かつて好きだったことへの興味を失い、恥ずかしさや後ろめたさ、実存的不安（訳者注：生きている意味がわからなくなる不安）を抱いたときに、思い出してほしいことをいくつか挙げたいと思う。

1. **マルチ・ポテンシャライトだから、方向転換するのは至って当然のことだ。**新しい分野に移るのは、マルチ・ポテンシャライトの特徴だから、転身を後ろめたく思う必要はない。罪悪感から一つの分野にとどまるのは、もう愛していない相手との関係を「傷つけたくないから」とずるずる続けていくようなもの。ただし恋愛と違って、今あなたが傷つけている相手は自分自身だけだけど。[28]

2. **さらなるわくわくがやってくる。** 何かを手放せば自由になって、次の素晴らしい冒険に飛び出せる。そこで新しいスキルを獲得し、そのスキルを手に、さまざまな新しい分野を探求していける。おかげであなたの人生はさらに面白くなり、ありとあらゆる素晴らしい人たちと出会える。それは成長して合わなくなった分野に、とどまらなかったからだ。

3. **「仕事＝あなた」ではない。** 転職があなたのアイデンティティを台無しにするとは限らない。仕事はあなたの表現手段にすぎない。**仕事はあなたそのものではないのだ。** あなたは、「ミュージシャン」や「先生」や「電気技師」よりも大きな存在だ。肩書きが何であれ（あるいは、肩書きなどなくても）、あなたは完全な存在だ。

4. **期待値を上げすぎないこと。** 今後は適切な期待値で、新しい探求を始めよう。ご承知のようにあなたはマルチ・ポテンシャライトだから、新たな興味に「これが天職だ！」という思いで取り組まないこと。「しばらくやってみて、どうなるか見てみよう」と自分に言い聞かせるくらいのほうが、建設的だ。

自分の変わりやすい性質を受け入れたら、転職はアイデンティティを台無しにする恥ずかしい出来事から、わくわくをくれる必要な出来事に変わる。これまでに経験し、つくり、学んだすべてのものは今も手元にあり、複雑で味のある視点に姿を変えて、新たな分野に参入する自分の強みになってくれる――と理解できるようになる。

不安 その2：何度も初心者を経験する不安

マルチ・ポテンシャライトは、たびたび初心者に戻る。実際、初心者になることは、「さまざまなことをやりたい」「さまざまなものになりたい」人たちにつきものだ。私たちの多くは、学ぶことが大好きだ――しかも、かなり習得も速い――が、自信満々のマルチ・ポテンシャライトでさえ、新たな仕事の初期段階には、無力感や居心地の悪さを感じる。新しいことを始めるのは、居心地が悪いものなのだ。「早送りボタンを押して、せめてデキてるように見える段階まで進みたい！」とつい思ってしまう。

注28　いや、そうとも言いきれない。あなたは、次のプロジェクトで出会うはずの人たちから、あなたのアイデアやスキル、存在を奪うことで、彼らのことも傷つけている。

この不安に対処する方法

学び始めの時期に感じる不安をやわらげるために、できることをいくつかご紹介しよう。

1. **うまくできないのは必要な第一歩だ、と理解する。**下手なことは、今後上手に（さらには優秀に）なるのに必要なプロセスだ。[29]言わなくてもわかりそうなものだが、人は「できないことも必要なステップだ」ということを、つい忘れてしまう。早々に「私は絵が下手だ」「科学が苦手だ」などと決めつけてしまいがちだが、もっと時間が必要なだけかもしれない。テレビアニメ『アドベンチャー・タイム』に登場する、犬のジェイクも言っている。「下手くそは、うまくなるための初めの一歩なんだ」と。

2. **ささやかな成功を記録する。**前の章で、ささやかな成功を日記につけて成功に気づき、お祝いすれば、どれほどやる気が出るかについて話をした。とくに、何かを学んでいるときはそうだ。ある概念を理解できたり、わずかに前進するたびに、書き留めよう。ささやかな成功を記録すれば、気分が高まり、やる気を保てるから、学び続けられる。

3. **短めに、頻繁に取り組む。**短時間に、頻繁に取り組んだほうが、新しい情報が脳や筋肉の記憶《マッスルメモリー》にすばやく浸透する。また、取り組む時間を短くすれば、ストレスもたまりにくい。うちの犬のグレンデルは子犬の頃、私の命令に反応したくて仕方ないけれど、

「伏せ《ダウン》」や「待て《ステイ》」の意味を脳が理解できなかった。そんなときに長々とトレーニングをすると、イライラして気もそぞろになり、そのうちあきらめてしまう。だから1日に1〜2度、5〜10分程度（たくさんご褒美を与えて）取り組むと、そのうちわかるようになった。

4．**自分に優しくする。**ご褒美と言えば、犬のトレーニングから学んだ教訓がもう一つある。それは、ある反応をご褒美で前向きに強化するのは、叱るよりはるかに効果的だということ。考えてみると、誰もが犬のトレーニングから多くを学ぶことができる。自分自身を、まごついてはいるが素直な小さな動物のように扱おう。優しく辛抱強く接し、ささやかな成功を祝い、こき下ろしたりせずに、時々クッキーをあげよう。

注29　アン・ラモットの楽しい本、『ひとつずつ、ひとつずつ——「書く」ことで人は癒される』（森尚子訳／パンローリング）に出てくる、「最初の原稿はひどくてもいい」という考え方を知っておいてほしい。癒やされるから。

不安　その3：「一流になれない」という不安

マルチ・ポテンシャライトに最もありがちな不安は、その分野で何十年も働いてきたスペシャリストにはかなわない、というもの。心の声は、こんなふうにつぶやいている。

- 長年この業界にいる人を雇えるのに、何でわざわざ元シェフのぼくを、プロジェクト・マネジャーに雇うだろう？
- 5歳のときから医学一筋の医者を雇えるのに、何でわざわざプロのダンサーも兼ねている医者と働きたいだろう？

この不安に対処する方法

私たちは第2章で、マルチ・ポテンシャライトが底抜けにユニークな価値を提供できることを学んだ。スーパーパワーを持っていることも、クリエイティビティやユニークなスキルの組み合わせで、おおむね高い報酬を得ていることも。では、「一流になれないかも」と不安になった自分に、何を言ってやればいいのだろう？

1. **大事なのは、一流になることより、現場で役に立つこと。**クライアントは、あなたの仕事に満足している？　上司は喜んでいる？　もしそうなら、あなたは仕事を全うしている。あなたの仕事は職務を果たすことであって、その分野でトップに上り詰めることではないはずだ[30]。他人がしていることに、気をもんではいけない。ベストを尽くし、自分の大事な相手《オーディエンス》を——それが誰であろうと——心から満足させることに専念しよう。

2. **実際に一流になるのは無理だ。**たとえ一つの分野に人生を捧げても、決してナンバーワンにはなれないだろう。どんなときも、自分よりデキる人もデキない人もいる——それが人生だから。ほかのみんなより上に立つことを目標に何かを追求したら、他人と闘うことになり、常に誰かと比べて自分を責める状況を生み出してしまう。それは自己愛のわなとも言える。そんなことより、プロとして使える、自分が納得できるレベルまで能力を磨くことに専念したほうが、ずっと役に立つだろう。

3. **ブランド戦略の問題かもしれない。**同じ仕事ができているのに、みんながあなたよりス

注30　出世を気にしても構わないが、最優先すべきは仕事の質である。期待以上の結果を出せば、どのみちキャリアアップできる。

ペシャリストを選ぶなら、自分の価値をうまく説明できていないのかもしれない。就職の面接にしろ、自分のウェブサイトにコピーを書くにしろ、自分がいかにクライアントの問題を解決できるのか、相手のために何ができるのかに絞って伝えること。多彩な経歴で培ったさまざまな能力が、いかに目の前の仕事に役立つのかを説明しよう。応用のきくスキルをアピールしよう。たとえば、保育園で働いていたから、グループをまとめたり人の注意を引くのが得意で、優秀なツアーガイドになれるかもしれない。あるいは、元記者で複雑な問題を読みやすい記事にまとめるコツを心得ているから、ソーシャルメディアに気のきいた記事を書くなんてお手の物かもしれない。そうしたつながりを明確にし、自分の価値を、相手のニーズと結びつけて表現しよう。

4. **誰かが「違う」と言わない限り、エキスパートだ（しかも、「違う」とはまず言われない）**。小さな秘密をお教えしよう。世の中に「全国エキスパート・ガイド」なるものは存在しないから、真の匠《たくみ》にはバッジを配り、素人を「偽物だ」と暴く人はいない。世の中の経営者やクライアントが求めているのは、自分たちの問題を理解し、解決策をくれる人材だ。あなたが自信を持って自分を売り込み、自分のスキルと具体的な成果を結びつけて語れば、それを求める人たちがあなたと働きたいと考えるだろう。

不安 その４：詐欺師症候群《インポスター》

詐欺師症候群《インポスター》とは、心の奥で「私は詐欺師だ」「ここにいるべきじゃない」「いつかみんなが目覚めて、それに気づいてしまう」などと思い込んでいること。インポスター症候群のおかしなところは、大きなチャンスや成功が目の前に現れると、よくなるどころか悪化しやすいことだ。

私も、ＴＥＤトークがＴＥＤの公式ホームページで紹介されたときは、得意満面だった。ところが、その後何週間も世界中からメールやメッセージが届き、身に余るようなほめ言葉や感謝の言葉をいただくうちに、ベッドの下に隠れたくなった。「みんな私を賢いと思ってるけど、私の考えがただのゴミだったら⁉」「私がとんでもないペテン師だったら⁉」「自分の能力を証明できてもいないのに!!!」……。そのうち、自分の仕事が人々の人生によい影響を及ぼしていると気づいたり、新たな仕事のプロジェクトに専念しだしたりして、また自信が持てるようになった。でも実を言うとその後も、インポスター症候群はぶり返している――本書を執筆している、今だってそうだ。「私を買いかぶってた出版社が、この原稿のひどさに『前金を返せ』と言ってきたらどうしよう!!?」なんて。――だいたいおわかりだろうか？

この不安に対処する方法

インポスター症候群の気がめいるような空想に対処する方法を、いくつかご紹介しよう。

1. **本当に詐欺師なら、詐欺師症候群《インポスターシンドローム》にはならない。** 詐欺師はうそつきで、人をだましてもうけようと決めている。あなたは詐欺師ではないから、誰かをだまそうなんて思ってもいないし、ただいい仕事がしたいだけ。新しいものを生み出す取り組みは、時折常に不安をかき立てるものなのだ。哲学者のバートランド・ラッセルが、かつてこう書いている。「世の中のよくないところは、愚か者が自信たっぷりで、賢い者は不安に満ちていること」。**あなたが時折自信をなくすとしたら、よい人間のしるしだ、と考えてほしい。**

2. **仕事そのものに改めて専念しよう。** インポスター症候群が現れるのは、たいてい他人にどう思われるか、どう言われるかに気を取られているときだ。人からどう見られるかに心を注ぐのをやめて、仕事に戻ろう。自分の行動を通して、「きちんとやれている」と自分自身に示すこと。頭の中のネガティブな気分や恐れを、行動に変えよう。

3. **みんな、こんな気持ちになることがある。** いや、わかってる。みんなではない。先ほど話したように、詐欺師はまずインポスター症候群にはならない。でも、自分が大事だと思うことを追求している善意の人なら誰でも、「自分なんて」と感じることがある。よく言われるように、自分の内側を誰かの外側と比べないこと。あなたが今同僚でいっぱいの部屋に立っているなら、断言できる。「これは何かの間違いだ。私はこの場にふさわしくない」と感じているのは、あなた一人じゃない、と。

「外野の雑音」に立ち向かう

マルチ・ポテンシャライトの不安が、常に内側からわいてくるとは限らない。外からの声に反応して、不安になることもある。心配性の親、わかってくれない同僚、上から目線な先生……。マルチ・ポテンシャライトなら、みんな知っている。新たな興味を誰かに伝えて、ぽかんとした顔をされたり、とがめるような視線を返されたりしたときに、どんな気分になるかを。

●「スポーツ・セラピストになるために、大学に行くの？　あなたはＩＴ企業で楽しく働いてると思ってたのに。いい仕事に見えたけどね」
●「専攻は芸術だよね？　一体何で数学の授業なんか取りたいの？」
●「いろんな思いつきでフラフラするのをやめて、とっとと何かに専念してくれない？」

私たちの多面性に対するネガティブな反応は、ただ戸惑っているだけで悪意のないものから、あからさまに意地悪で批判的なものまでさまざまだ。では、マルチ・ポテンシャライトであることを理解してくれない、認めてくれない人たちに対処する戦略を話そう。

自分の大事な人《オーディエンス》からの意見か、確認する

まず、その「外野の雑音」は誰の声なのか、自問してみよう。親友や家族なのか、顔見知り程度の人なのか、仕事関係の人なのか？　その人との関係は、あなたにとってどれくらい大切なものだろう？　それは、人生に前向きなエネルギーをくれる関係だろうか？　批判しているのが親や親友や大切な誰かの場合は、自分に起こっていることを、理解してもらう価値はある。でも、軽い知り合いや大事な人ではない場合は、自分のことを説明したり、認めてもらおうとしないほうが楽だし、楽しく過ごせるだろう。

「私はマルチ・ポテンシャライトだ」と告白する

時間を割いて話す価値のある相手だと思ったら、マルチ・ポテンシャライトとはどういうものか、理解してもらう努力をしよう。多くのテーマを探求し、さまざまなプロジェクトに

携わるのが自分の個性なのだ、と説明しよう。そうすれば、あなたがまた新しく何かを始めても、相手もそう戸惑わずにすむ。もしかしたら「最近はどんな面白いことをしてるの？」と尋ねてくれるかもしれない。マルチ・ポテンシャライトについて説明したいけれど、うまく言えない、直接言いにくい、という場合は、本や記事やＴＥＤトークなど、マルチ・ポテンシャライトに関するリソースを知らせるのも一案だ。[31]

自信を持って話す

マルチ・ポテンシャライトだ、と伝える方法はたくさんある。一つは、つっかえつっかえ、肩をすくめながら、（申し訳なさそうに）「えっと、ぼくはこれをやってて……あぁ、それから、これも……そして、えっと、もう一つ別のことも……」などと話すこと。もう一つは、自分のプロジェクトに対する情熱を自信たっぷりに伝えること。[32]「あのね、ぼくは今〈　〉に携わってるんだ。（ここで1拍置く）。それから、〈　〉にもわくわくし

注31　ＴＥＤトークに出る決心をした理由の一つは、マルチ・ポテンシャライトが戸惑っている友達や家族に送れる、短めのリソースがあればと思ったからだ。

注32　あまり自信がない場合は、「できるようになるまで、できるふりをしよう」である。

てる！　そして、暇なときには〈　　　　　〉をしているんだ」と。オブラートに包んで話すのも、言い訳をするのもやめよう。あなたが自信を持って話せば、相手も批判したり首をかしげたりしなくなる。あなたの熱意を感じ取って、影響を受け、素晴らしいプロジェクトについて「もっと聞かせて」と言いだすかもしれない。

相手に、考えを変える時間を与える

本書のために取材をした人たちには、必ず生い立ちを尋ねることにしていた。親は、マルチ・ポテンシャライトであることを受け入れて支えてくれた？　それとも、ありのままでいるのは大変だった？　と。「最初は支えが得られなかった」と答えた人もいたが、ほぼ全員が「親は結局、考え方を変えてくれた」と話していた。わが子が幸せで経済的にも安定しているのを見ると、親は折れてくれる。子どもがしている数々の面白い仕事に、胸を張るようになったりもする（たとえ完全に理解してはいなくても）。

「一つに絞れ」という親のアドバイスは、たいてい愛情から来ている。親は子どもに自立してもらいたい。スペシャリストになるのは、給料のよい仕事に就く安全なルートに見えるのだろう。古い世代の人たちは、必ずしも理解していない。今の経済がどれほど昔と違っていて、適応能力があってさまざまな分野に精通していることがどれほど重要になっているのかを。

彼らに、『ファスト・カンパニー』誌に掲載された「フラックス世代」(訳者注：不安定な状況を積極的に受け入れ、キャリアや常識を修正するのを楽しむ人たちのこと）にまつわる記事を読んでもらえば、この文化的な変化を説明できる。毛色の違うさまざまなことに携わっている有名人のリストをつくるのもよいだろう。あるいは、企業の幹部（ＣＯＯ、重役、プロジェクト・マネジャーなど）にはゼネラリストが多い、と説明するのも一案だ。でも、こんなやり取りを繰り返すのは気が進まないかもしれない。往々にしてそれより効果があるのは、待つことだ。マルチ・ポテンシャライトとしての自分の人生を構築することに心を注ぎ、家族には、家族のタイミングで考え方を変えてもらえばいい。

あなたを信じてくれない人たちから離れる

一人の人間は、最も親しい５人の友人からできている――と言われる。自分が選んで一緒に過ごす人たちは、私たちの意欲や目標、何ができると思えるかに大きな影響を及ぼしている。今の友達関係から離れることを、恐れてはいけない。ライフスタイルや信条があなたの目指すものと一致している、新しい仲間を求めよう。一緒に過ごしたくない人と過ごす義務などないのだ。とくに、あなたの人生の選択に批判的な人や、いつも後ろ向きな人たちとは。人生の大半を共にしてきた仲間と離れるのはつらいかもしれないが、場合によっては、それが心の健康に最善の選択だったりする。あなたを信じてくれない人たちと離れたら、そろそろやるべきことがある。

あなたを支えてくれるコミュニティを探す

マルチ・ポテンシャライトを探して、彼らとの関係を深めよう。オンラインで、好きなことに取り組んでいるアーティストや起業家などのグループを探そう。私たちのコミュニティ、「Puttylike.com」にもぜひ参加してほしい。ほかのマルチ・ポテンシャライトとつながりたいと考え、あなたの支えになってくれるマルチ・ポテンシャライトのグループと出会えるから。

ありのままの自分でいる権利は誰にもある！

自分の大切な人たちに、マルチ・ポテンシャライトであることを説明しようとしていいし、説明すべきだ。少し話し合ってそのリソースに触れただけで理解してくれることもあれば、考え方を変えるのに時間が必要な場合もある。でも、家族や友達が認めてくれてもくれなくても、あなたは自分の人生を生き、やりたいことをやる必要がある。そこを出て、心惹かれる分野を追求し、仲間を探そう。

「で、お仕事は何を？」という恐怖の問いに答える方法

パーティに出たら、友達が仲間に紹介してくれるという。あ、まただ、と思う。「で、お仕事は何を？」というあの恐怖の問いがやってくるのだ。私たちのほとんどは、仕事を聞かれるのが嫌いだ。日常的に5つも6つも役割を担い、仕事もしょっちゅう変わっていたら、何と自己紹介すればいいのだろう？　ほかのみんなと違って、説明しやすい肩書きもなければ、「ここで働いてます」と言える会社もない。その代わり、収入の大半を稼ぐ仕事はあるが、それがしていること、頑張っていることのすべてかと言えば、そうでもない。「お仕事は何を？」はまさに、「大人になったら何になりたいの？」の大人バージョンなのだ。マルチ・ポテンシャライトは、おおむね答えに困る。この不愉快だけど避けられない問いに、どう答えればいいのだろう？

回答①　相手によって答えを変える

あなたは今どこにいて、質問者は誰だろう？　パーティなのか、異業種交流会なのか？

会話の相手は、あなたの情熱に関わる分野で働いている人だろうか？　カジュアルな集まりなのか、仕事なのか？　質問している人は、頭が柔らかくて友達になれそうな人？　それとも、社交辞令で聞いているだけ？　打ち解けられそうな相手か、詳しく話すのが適切なのか、役に立つのか、などの判断がついたら、答え方を選べるだろう。

一般的に、この問いへの対応の仕方は2通りある。

1. 自分がしているすべてのことを伝えてはいないが、理解しやすい一言で返す（たとえば、「海洋生物学者です」「グーグル勤務です」のように）。

2. 一般的な答えではないけれど、会話が広がるような、より正確な答えを返す。

一言で短く返すのか、会話を続けるのかは、話している相手や自分の気分で決めればいい。その人に、心を開いて話したい気分だろうか？　取り組んでいる多くのことについて、熱く語りたい気分か？　それとも、ただ無難に1日を過ごしたい気分だろうか？

いくつもの答えを用意して、その場にふさわしいものを選んでも構わない。短くてわかりやすい肩書きを名乗ることを選んでも、「自分のすべてを伝えていない」と気に病むことはない。人はあなたをよく知るにつれて、あなたのいろいろな個性を発見してくれる。

回答② いろんなことをしている、と正直に説明する

さらに深く会話したいなら、マルチ・ポテンシャライトであることに重点を置いて話そう。「いろんなことをしています」「今、多くのプロジェクトに携わってるの」、あるいは「私、マルチ・ポテンシャライトなんです！」と話してもいい。おそらくこれが一番正直な答えだが、最初はもちろん相手も戸惑うし、説明を求められる。でも、「この人もマルチ・ポテンシャライトかも」と感じたり、自分のプロジェクトにわくわくしていて、話したい気分のときは、そうしよう。また、「ほどよい仕事」を持っているけれど、それがあなたのしているすべてではない場合は、「〈会社名〉で働いてるんですが、ほかのいろんなことにも携わっています」と言えばいい。「いろんなことをしている」というアプローチは議論につながるので、さまざまなプロジェクトについて話したい気分のときにしよう。

回答③ ざっくりとした肩書きを名乗る

あなたがしている多くのことをくるむ、幅広い言葉やカテゴリーはないだろうか？　たとえば、「俳優で、画家で、ミュージシャンなんです」と答える代わりに、「アーティストです」と言えばいい。あるいは、「地理の教師で、動物園のガイドで、健康のコーチです」と

言う代わりに、「教育者です」と答えてもいい。仕事や優先プロジェクトを書き出して、さまざまなアイデンティティを一まとめにできる、ざっくりとした肩書きをいくつか考えると、役に立つだろう。

回答④ 「〈　〉が〈　〉するのを助けている」と説明する

もう一つの選択肢は、肩書きは伝えずに、自分が誰を助けているのか、仕事を通して何を成し遂げているのかを話すことだ。「若者が自信を持てるようにサポートしています」と言った場合、どのように自信を与えているのか、具体的には伝えていない。だからダンスの先生かもしれないし、意欲を引き出す講演家や、ホームレスの若者に医療サービスを提供するNPOのスタッフかもしれないし、3つとも兼ねているのかもしれない。相手がさらに興味を持ったら、質問してくるはずなので、そのときに詳しく説明すればいい。

回答⑤ この問い自体がフィルターになっている、と考える

誰かが「お仕事は何を？」と尋ねてきたものの、あなたの答えにあまり反応しなかったら、その人は新しい相棒になる面接を突破できなかったのだ。マルチ・ポテンシャライトだと伝えることが、相手と友達になるかどうかを判断する、リトマス試験紙の働きをするかも

しれない。自分の個性を正直に話せば、相手も自分のことを話し始めたりする。この人もマルチ・ポテンシャライトだったんだ！　と気づくことだってあるかもしれない。

人と会ってイヤな思いをした日には、たくさんの興味をこっそり一人で探求したほうがいい、と考えたくなる。そうすれば、誰にも邪魔されないからだ。でも引きこもって、マルチ・ポテンシャライトな個性を一人の世界にしまい込むのは、自分にとってもほかのみんなにとっても損失でしかない。「堂々とカミングアウト」しているマルチ・ポテンシャライトは、世の中と交流し、自分の仕事について話すことを学び、怖くても誰かに批判されても自分の心の声を聞いている。ありのままの自分をさらけ出すのは、たやすくて心地よいこととは限らない。でも、みんなが一緒にそうしたら、ムーブメントがつくれるだろう。リスクを取ろう。自分の素晴らしさを世の中に示し、多くのことに携わることへの偏見を減らしていこう。そうすれば、あなたも気分がよくなるし、ほかのマルチ・ポテンシャライトも、ありのままの自分で生きていきやすくなる。

おわりに

大学法学部の3年目に、音楽政策の授業を取ったことが、私のキャリアの流れを変えた。それは小さなゼミ形式の授業で、法律、音楽、ビジネス、もしくは芸術を専攻している一握りの学生が受講していた。この授業の特徴は、1学期間かけて学生が一つのプロジェクトに取り組むこと。さまざまな学部の学生から成るいくつものチームに分かれ、「音楽業界で主流のビジネスモデルに対抗するアイデアを、企業のために考える」というプロジェクトだ。これは私にとって、夢の授業だった。法律、音楽、起業家精神など当時興味があったいくつものテーマを探求できる上に、さまざまな視点や分野を楽しくスムーシングできる、チームプロジェクトだったからだ。

私たちのチームは、自分たちが企画した素晴らしいビジネスアイデア――オンラインでのアート・コラボレーションの一種――にすっかり舞い上がり、この授業が終わるやいなや、学内の起業コンテストに応募した。数週間後、準決勝に進んだことを知ると、すっかり有頂天になった。唯一の問題は、本物の起業家や投資家から成る審査員たちにアイデアを売り込まなくてはいけないこと。『シャーク・タンク』や『ドラゴンズ・デン』といった投資バラエティ番組を観たことがあるだろうか？　おおむねあんな感じだ。

大きなプレゼンテーションを前に、チームでゼミの教授のところへ行き、リハーサルを見てもらった。先生はじっと耳を傾けたあとで、建設的なアドバイスをくれた。それから、私たちの緊張を見て取ると、忘れられないこんな言葉をくれた。

「あなたたちのプロジェクトは、ヘンテコね。悪い意味じゃないわよ。アイデアが、審査員が山ほど見るだろうものとはかけ離れてる、ってことよ。そのヘンテコさを隠しちゃダメ。そこを売りにするの」

先生が学内の他愛ないコンテストの話をしているのは百も承知だったが、私は、ある許可をもらえた気がしていた。それは私がずっと自分に許してこなかった、**自分のユニークさを売りにすること**だった。

人生の大半にわたって、私は、人と違うところを必死で抑えていた。マルチ・ポテンシャライトであることも、自分の意見も、変わり者であることも、自分の存在自体もだ。授業中に決して手を挙げなかったのも、10代の頃にぶかぶかのスケボーの服に身を隠していたのも、20代の頃に多彩な経歴を同僚に話せなかったのも、「周囲に溶け込まなくちゃ生きていけない」と感じていたからだ。子どもの頃にいじめられたせいなのか、「女の子は目立っちゃダメ」という文化の中で育ったからなのかはわからないが、何が何でも「普通だ」と思いたかったし、普通とは目立たないことだ、と思い込んでいた。

でも同時に、そんなすべてと相容れない、ある衝動も抱えていた。「自分自身を表現したい」という揺るぎない思いだ。曲を書いたり、映画の監督をしたり、人生で前向きな選択をするときには、この力が勝利を収めてくれた。でも、2つの力——溶け込みたい思いと、クリエイティブな情熱を燃え立たせたい思い——は、いつもせめぎ合っていた。そんなときに先生が、人生を変えるような許可をくれたのだ。ヘンテコな私でいい、というだけでなく、自分のユニークさに軸足を置くことが、実は成功のカギになるかもしれない、と。

結局のところ、ヘンテコさを売りにしても、コンテストでは勝てなかった。負けたのはおそらく、そのビジネスでどう稼ぐのか、私たち自身がきちんとわかっていなかったからだ。残念！　でも、立派なプレゼンテーションができたし、何より私自身が楽しかった。これはちょっとした奇跡だ。（理由はおわかりかと思うが）昔から人前で話すのが大嫌いだったのに、このときはよそ行きの自分でいようとか、ビジネスにふさわしい態度を取ろう、なんて少しも思わなかった。もちろん準備をして、プレゼンの技を磨きはしたけれど、知りたがり屋で茶目っ気があって情熱的な私自身のまま、ステージに立っていた。エミリーは舞台の上で隠れるどころか、姿を現した。気分は上々だった。

マルチ・ポテンシャライトであることは、立派なアイデンティティだ

以来、「自分のユニークさを売りにする」が私のマントラになり、私の「なぜ」の一つになった。これまでさまざまな仕事をしてきたが、ここ6年ほどは主に、ほかの人たちが自分のユニークさ――マルチ・ポテンシャライトであること――に軸足を置くサポートをしてきた。

マルチ・ポテンシャライトであることに軸足を置く――とはどういう意味だろう？　持って生まれた個性を歓迎し、受け入れる、というだけではない。それはスタートにすぎない。マルチ・ポテンシャライトであることに軸足を置くとは、自分の多面性を軸に持続可能な人生を築くこと。つまり、現実的に言うなら、あなたが求める「お金」と「意義」と「多様性」を手にする方法を見つけ出すことだ。成功し、その才能を世に送り出し、世の中をより

よい場所にするために。

マルチ・ポテンシャライトの中には、自分に必要な「お金」と「意義」と「多様性」を、自分の興味を組み合わせた一つの多面的な仕事（グループ・ハグ・キャリア）で手に入れる人もいる。かと思えば、まるで毛色の違うパートタイムの仕事やビジネスを掛け持ちする人もいる。ユニークな肩書きの間に、たくさんのスラッシュを入れて。また、アインシュタイナーは、一つの仕事かビジネスで経済的なニーズを満たし、お金の心配なしに仕事以外のプロジェクトを探求できるので、この上ない安心感と充実感を得ていたりする。あるいは、数年ごとに見事な自己改革を遂げるフェニックスもいる。彼らは、転身の準備が整うまで、一つの分野を深く掘り下げるのが好きだ。それから、もちろん、ハイブリッドの存在も忘れてはいけない。彼らは、いくつものワークモデルを自由に行き来したり、ミックスしたりして暮らしている。

時折思うことがある。私たちはみんなハイブリッドで、カテゴリー分けなど、安心したいがためのゲームにすぎない、と。それでも私たちには学ぶための事例や、どこから始めればいいのかを教えてくれる枠組みや、仕組みが必要だ。のちのち無視することになったとしても。前にも言ったけれど、もう一度言わせてほしい。この本の情報は、自分に合うものだけを取り入れて、残りは無視しよう。複数のワークモデルをスムーシングしてみよう。毎年新しいワークモデルを試すのが心地いいなら、そうしよう。**いろいろ実験し、繰り返し試して、自分仕様にしてほしい。あなたの仕事で、あなたの人生なのだから。**

マルチ・ポテンシャライトであることに軸足を置く――そのもう一つの意味は、飽くなき好奇心と、目の前のプロジェクトを前進させたい気持ちとのバランスを学ぶこと。生産性を高めるテクニックを見つけて、自分のツールボックスをつくろう。時には、自分で自分の足を引っ張ってしまうこともあるだろう。誰もがそうだから。そんなとき、自分でちょっとした仕組みを用意しておけば、プロジェクトを前進させ、飽くなき探求をし、内側からわいてくる「抵抗」をなだめるのに、大いに役立つだろう。

本書の旅は、社会的なプレッシャーや誤解や恥にまつわる、あるエピソードから始まった。覚えているだろうか？　ばったり会った古い知り合いが、方向転換した私に戸惑ってしまった話を。今ならわかる。相手は、失礼な態度を取るつもりなどなかったのだろう。その人はマルチ・ポテンシャライトについて何も知らなかったし、私も説明できるほどの自信も言葉も持ち合わせていなかった。

あなたが今、そんな自信をはぐくみ始め、あなたをやり込めるような内外からの声に「対処できそうだ」と感じてくれていますように。何より、「自分の選択を、誰かに納得してもらう必要はない」と理解してくれていますように。**「なりたいすべてのものになっていい」**

たくさんの情熱に軸足を置いて生きれば、何を生み出し、何を解決できるだろう？　私にはわからないけれど、ぜひ知りたいと思う。

と自分に許可を出せたら、あなたの人生はどう変わるだろう？

あなたもコミュニティに参加しよう！

私は、マルチ・ポテンシャライトのホームグラウンドをつくりたくて、Puttylike.comを立ち上げた。これはブログであり、役に立つリソースの宝庫であり、マルチ・ポテンシャライトがつながり合える場所だ。あなたもぜひ参加してほしい。多くの情熱を軸に、一緒に人生をつくっていこう。

では、サイトでお会いしましょう。

あなたの友人で、マルチ・ポテンシャライト仲間のエミリーより

謝辞

この本は、幾人ものカッコいいマルチ・ポテンシャライトの方々（と、数名のカッコいいマルチ・ポテンシャライトでない方々）のサポートと知恵がなければ生まれませんでした。「パティピープ」（訳者注：パテのように変幻自在な人々、つまりマルチ・ポテンシャフイト）のみなさん、Puttylikeのコミュニティのみなさん、あなた方なしに、このムーブメントはつくれませんでした。私を絶えず励まし、刺激を与え、多くのことを教えてくれたのはみなさんです。長年にわたっていただいたフィードバック、アイデア、友情には、感謝の言葉もありません。私たちの本をつくりたくて、この本を書きました。私の心の真ん中にあったのは、みなさんへの責任感です。

編集者のヒラリー・ローソンと、ハーパーワン社のみなさん、とくにシドニー・ロジャース、キム・デイマン、エイディア・カラー、ノエル・クリスマンの激務と揺るぎない情熱に、心から感謝しています。ヒラリー、あなたほど素晴らしい編集者はいません。当初から本書を支持してくれたあなたの支えとアドバイスと広い心のおかげで、執筆という苦行を（おおむね）楽しむことができました。

私のエージェントであるアリソン・ハンターと、スチュアート・クリチェフスキー・エージェンシーおよびジャンクロー&ネスビット社のみなさん、ありがとう。アリソン、あなたの信頼とサポートと楽しいブレインストーミングと、都会で生きるコツを教えてくれたことに、感謝しています！

取材や調査に答えてくれた素晴らしいマルチ・ポテンシャライトの方々にも、お礼を申し上げます。みなさんがこの本を、とても豊かなものにしてくれました。あなたの人生と物語は、私にとってもかけがえのない宝物です。

母さん、父さん、心ゆくまで探求させてくれて、「学ぶこと自体に価値がある」と教えてくれて、ありがとう。

多くの友達、家族、同僚が、この本の誕生を陰になり日向になり支えてくれました。ジェイソン・ムーア、イーサン・ウォルドマン、ダイアン・ポーリー、ジョエル・ザスロフスキー、ジョアナ・ジェイムズ・リン、ニール・ヒューズ、ジョン・ネッパー、レイミ・ニューシア、エイブ・カフド、マイク・パンフリー、あなた方は全員、私の家族です（妻のヴァレリーはきっと、「おたく仲間」と呼ぶでしょうけど）。ブログの旅を始めて一番よかったのは、みなさんと出会えたことです。また、パメラ・スリム、クリス・ギレボー、バーバラ・シェア、シェリル・ドラン、ホイットニー・オットー、ジョイ・ハリス、マーゴ・ユー、ティム・マンリー、メリアン・スワード、アリアン・コーエン・コージ、ブライアン・パーク、ノラ・ブルックス、アン・ラスムッセン、ウィリアム・アンソニー、ブリジット・ライオンズ、マギー・ハスラー、ティナ・パイパー、ニシャ・ナサニ、TEDおよび「TEDxベンド」チームのステフとヴァーリーとスチュアートとAIにも、心からの感謝を捧げます。

最後に、ヴァレリー。彼女は、初期の原稿の文体や内容や上から目線な表現を、時間をかけて編集してくれました。この本は2人の作品です――私一人では書けなかったでしょう。あなたは私の人生を前よりずっと楽に、ずっと豊かにしてくれています。果てしない愛と励ましをくれて、賢く根気強くいてくれて、ありがとう。私は本当に、誰より幸せな人間です。

訳者あとがき

私は今、ひそかにドキドキしている。もしかしたら世界に1冊しかない、とてつもなくユニークなキャリア・ガイドブックを世に出すお手伝いをしたのではないかと。世の中の多種多様な職業の中から、たった一つを選ぶための本はちまたにあふれている。けれど、複数の分野に興味を持つ「マルチ・ポテンシャライト」がキャリアを設計する方法を、これほど丁寧に教えてくれる本は、どこにもない気がする。

ところで、マルチ・ポテンシャライトといえば、本文中に出てきた以外に、どんな人たちがいるのだろう？　アップル社の共同設立者のスティーブ・ジョブズは、起業家であり発明家であり工業デザイナーでもあった。また、『ピーターラビットのおはなし』を書いたイギリスのビアトリクス・ポターも、作家／イラストレーター／自然科学者／自然保護活動家として知られていた。

日本のマルチ・ポテンシャライトといえば、真っ先に頭に浮かぶのは、コメディアン／俳優／ボクサー／画家／書家／ヨギとして活躍中の片岡鶴太郎さんだろう。イラストレーター／作家／ミュージシャン／俳優／デザイナー／演出家など多彩な顔を持つリリー・フランキーさんもいる。俳優／映画監督／映画評論家として知られる斎藤工さん、有名マンガ家でありながら50代から声楽家としても活動している池田理代子さん、コメディアン／女優／ボクサーで絵の才能もある山崎静代さん、コメディアンで芥川賞作家の又吉直樹さん、サッカー選手／起業家／教育者の本田圭佑さん……といくらでも浮かんでくる。

ところが、身近な人となると、複数のキャリアを持つ人物はなかなかいない。一般社会ではいまだに「天職は一つ」とされ、多くの人が大人になるまでに一つに絞ってしまうからだろう。著者エミリー・ワプニックは一つに絞れず、窮屈な思いをしてきた一人だ。ただし、エミリーの場合は「マルチ・ポテンシャライト」という言葉に出会い、今では幅広い知識やスキルを統合し、キャリアコーチ／作家／講演家／ブロガー／コミュニティ・リーダーとして活躍している。マルチ・ポテンシャライトのホームグラウンドとして立ち上げた「Puttylike」というウェブサイトをベースに、仲間が幸せな人生を構築するサポートをしている。エミリーのＴＥＤトーク「天職が見つからない人がいるのはどうしてでしょう？」は36カ国語に翻訳され、世界中で５５０万回以上も視聴されている。

そんなエミリーが初めて書き下した本書には、マルチ・ポテンシャライトが幸せに生きるノウハウが詰まっている。パティライクで培った人脈を活かし、何百人もの幸せで、経済的にも恵まれたマルチ・ポテンシャライトを調査したたまものである。自分とよく似た仲間たちが、なるべくスムーズに幸せな人生を歩めるように。

この本を読めば、読者は自分がマルチ・ポテンシャライトかどうかがわかる。マルチ・ポテンシャライトだと自覚したら、「セルフチェック」のコーナーで、自分がどのタイプのマルチ・ポテンシャライトかを知ることもできる。そして、理想のキャリアを手にするためのはじめの一歩を、すぐにでも踏み出せる。紹介される事例も決して突飛なものではないので、「こんな働き方があるのか」「これならできるかも」と具体的なヒントがもらえる。「自分がマルチ・ポテンシャライトなのはわかったけど、一体どうやって食べて行けばいいの？」という素朴な疑問への答えも、さまざまな不安への対処法も、随所に埋め込まれている。

エミリーによると、マルチ・ポテンシャライトは5つの「スーパーパワー」を持ち、激変する不安定な経済を生き抜く力を持っている。日本でも政府が「働き方改革」の旗を振り、大手企業が副業を認め始めるなど「大副業時代」の幕が開けたと言われている。さらには、間もなくＡＩ時代が到来し、10年後にはどんな職業が残っているか予想もつかない、とささやかれている。……というわけで、守備範囲も視野も広く、適応能力の高いマルチ・ポテンシャライトがイキイキと輝ける時代が、もうすぐやってくる！

私自身もこの本を訳して、さまざまな気づきをもらった。まず受験を控えている娘たちに「将来何になりたいの？」と聞くのを一切やめた。先のことを計算して進路を選ぶのではなく、今好きなこと、今やりたいことを選ぶことが幸せにつながる、と納得したからだ。自分自身についても、著者がたどったくねくね道のおかげで、自分の過去の仕事や趣味が今の仕事に思わぬ形で役立っていると気づいて、とても幸せな気持ちになれた。自分の意外なポテンシャルを見つけることもできたので、水をやって上手に育てていきたいと思っている。

若者にも、彼らを導く大人にも、すでに仕事を持っている人にも、休職中の人にも、リタイアして充電中の人にも、ぜひこの本を手に取っていただきたい。本当にやりたいことや、すでに持っている才能を組み込んだキャリアを設計し、幸せな人生をカスタマイズする一助になればと願っている。

最後に、この本を翻訳するにあたって、さまざまにサポートしてくださったみなさまに心からの感謝を捧げたい。

長澤あかね

付録――「さまざまな分野にまたがる分野」の例

マルチ・ポテンシャライトがキャリアにおける多様性をはぐくむ方法の一つは、さまざまな分野にまたがる分野で働くことだ（第4章を参照のこと）。今から挙げるのは、マルチ・ポテンシャライトと相性がよさそうな、さまざまな分野にまたがる分野の例である。心に留めておいてほしい。さまざまな分野にまたがる分野は何千とある上に、常に新たな分野が誕生している。このリストの中に、自分に合うものがなくても、がっかりしないこと。余白も設けているので、どんどん書き足していこう！

分野	要素
人工知能	心理学、哲学、テクノロジー、神経科学、コンピューター科学、数学、ロボット工学、パターン認識、機械学習、視覚認識

生命倫理	生命科学、テクノロジー、医学、政治、法律、哲学
生命情報科学《バイオインフォマティクス》	コンピューター科学、生物学、数学、統計学、工学、ユーザー体験（UX）設計
クリエイティブ・コーディング	プログラミング、映像、視覚芸術《ビジュアル・アート》、デザイン、パフォーマンス・アート、インスタレーション、音響、広告、商品プロトタイプ
デザイン	アート、工学、社会学、心理学、音楽、映像、ビジネス、各プロジェクトにまつわるテーマ
教育	パブリック・スピーキング、リーダーシップ、学習スタイル、心理学、子どもの発育、カウンセリング、マネジメント、その他関連テーマ

イベント・マネジメント	プロジェクト・マネジメント、心理学、法律、文化、ビジネス、財務、美食学、インテリア・デザイン
映画制作	執筆、ストーリーテリング、写真撮影、美術監督《アート・ディレクション》、テクノロジー、編集、音響、プロジェクト・マネジメント、ビジネス、法律
人文地理学	地理学、人類学、歴史、文化、リサーチ、経済、環境政策
教育設計	教育理論、神経科学、テクノロジー、双方向《インタラクティブ》メディア・デザイン、心理学、リサーチ、ストーリーテリング、コミュニケーション、プログラミング、映画、ゲーミフィケーション（訳者注：ゲームの要素をほかの分野の課題解決や意欲の向上に活かす手法）、ビジュアル・デザイン、ウェブデザイン、オーディオ制作、専門文書の作成、編集

統合医療	西洋医学、代替医療、薬草学、鍼治療、整体、栄養学、カウンセリング、フィットネス、ヨガ、瞑想
マーケティング	執筆、デザイン、統計学、データ分析、リサーチ、ビジネス、心理学、経済学、プロジェクト・マネジメント、コミュニケーション、テクノロジー
心理療法《サイコセラピー》／カウンセリング	心理学、傾聴、共感、ビジネス。ほかのテーマ（たとえば、芸術療法、音楽療法、馬療法《ホース・セラピー》、園芸療法、海療法《オーシャン・セラピー》、ヨガ療法）と組み合わせやすい。
出版	言語、コミュニケーション、ストーリーテリング、レイアウト、デザイン、写真撮影、テクノロジー、リサーチ、財務、法律、ビジネス、マネジメント、教育、新しい考えや概念の創出、マーケティング

持続可能な開発	組織開発、経済学、社会正義、生態学、政治、テクノロジー、ビジネス、建築、文化
都市計画	住宅、交通、環境、教育、芸術、農業、経済学、建築、デザイン、景観、土木工学、社会正義、行政、歴史、リサーチ、地図作製、執筆、コミュニケーション、法律
ユーザー体験（UX）	プログラミング、リサーチ、ストーリーテリング、デザイン、ビジュアル・アート、テクノロジー、社会学、文化研究《カルチュラル・スタディーズ》、執筆、コミュニケーション、心理学、プロジェクト・マネジメント

〈著者紹介〉

エミリー・ワプニック（Emilie Wapnick）

講演家、キャリア・コーチ、ブロガー、コミュニティ・リーダー。コミュニティサイト「Puttylike《パティライク》.com」の創設者でクリエイティブ・ディレクター。サイトを通して、マルチ・ポテンシャライトがすべての興味を活かして、イキイキと充実した実り多いキャリアや人生を築けるよう、サポートしている。エミリーは一つの道に落ち着けず、音楽、アート、映画制作、法律を学び、2011年にカナダのマギル大学法学部を卒業。ＴＥＤの講演者となり、『ファスト・カンパニー』誌、『フォーブス』誌、『フィナンシャル・タイムズ』紙、オンラインメディア「ハフィントンポスト」「ライフハッカー」で紹介された。TEDトーク「天職が見つからない人がいるのはどうしてでしょう？」は550万回以上視聴され、36の言語に翻訳されている。全米および世界の大学、高校、各種団体のゲストスピーカーやワークショップのファシリテーターを務めている。

〈訳者紹介〉

長澤あかね（ながさわ　あかね）

奈良県生まれ。横浜在住。関西学院大学社会学部卒業。広告代理店に勤務したのち、通訳を経て翻訳者に。訳書にマーティン・ピストリウス著『ゴースト・ボーイ』、ニーナ・ルヴォワル著『銀幕に夢をみた』（以上、PHP研究所）、エイミー・モーリン著『メンタルが強い人がやめた13の習慣』『メンタルが強い親がやめた13の習慣』、ダン・ライオンズ著『スタートアップ・バブル　愚かな投資家と幼稚な起業家』（以上、講談社）、エイドリアン・トミネ著『サマーブロンド』『キリング・アンド・ダイング』（以上、国書刊行会）などがある。

装幀　奥定泰之
図版　齋藤稔（株式会社ジーラム）

マルチ・ポテンシャライト
好きなことを次々と仕事にして、一生食っていく方法

2018年9月4日　第1版第1刷発行
2021年4月22日　第1版第3刷発行

著　者　エミリー・ワプニック
訳　者　長澤あかね
発行者　後藤淳一
発行所　株式会社ＰＨＰ研究所
東京本部　〒135-8137　江東区豊洲5-6-52
第二制作部　☎03-3520-9619（編集）
普及部　☎03-3520-9630（販売）
京都本部　〒601-8411　京都市南区西九条北ノ内町11
PHP INTERFACE　https://www.php.co.jp/
組　版　朝日メディアインターナショナル株式会社
印刷所　大日本印刷株式会社
製本所　株式会社大進堂

ISBN978-4-569-84109-0